DAVE PELZER

AVANCE

ASSUMA O CONTROLE DE SUA VIDA

Tradução
Nivaldo Montingelli Jr.

Título original: Moving forward – Taking the lead in your life
Copyright © 2008 by Dave Pelzer
Imagem de capa: © Immo Klink/zefa/Corbis

Todos os direitos reservados. Nenhuma parte desta obra pode ser reproduzida ou transmitida por qualquer forma ou meio eletrônico ou mecânico, inclusive fotocópia, gravação ou sistema de armazenagem e recuperação de informação, sem a permissão escrita do editor.

Direção editorial
Soraia Luana Reis

Editora
Luciana Paixão

Editora assistente
Valéria Braga Sanalios

Assistência editorial
Elisa Martins

Preparação de texto
Candombá

Revisão
Cid Camargo
Diego Rodrigues

Capa, criação e produção gráfica
Thiago Sousa

Assistente de criação
Marcos Gubiotti

CIP-Brasil. Catalogação-na-fonte
Sindicato Nacional dos Editores de Livros, RJ

P452a	Pelzer, David J.
	Avance / Dave Pelzer; tradução Nivaldo Montingelli Jr. - São Paulo: Prumo, 2009.

Tradução de: Moving forward
ISBN 978-85-61618-69-8

1. Pelzer, David J. 2. Mudança (Psicologia). 3. Sucesso - Aspectos psicológicos. I. Título.

08-5523.

CDD: 158.1
CDU: 159.947

Direitos de edição para o Brasil: Editora Prumo Ltda.
Rua Júlio Diniz, 56 – 5º andar – São Paulo/SP – Cep: 04547-090
Tel: (11) 3729-0244 – Fax: (11) 3045-4100
E-mail: contato@editoraprumo.com.br / www.editoraprumo.com.br

Para um jovem que se tornou uma inspiração para mim desde antes de nascer, meu filho (prestes a se formar na faculdade, graças a Deus), o senhor Stephen Pelzer. Viva muito, viva forte e sempre aproveite a vida, porque agora... você está no seu caminho!

Para você, leitor: com cada palavra de cada página, rezo de todo o coração para que você realize seus sonhos e obtenha a felicidade eterna. Agradeço-lhe por permitir que eu seja uma breve parte de sua vida. Para mim, é sempre uma honra estar com você e um privilégio servi-lo.

AGRADECIMENTOS

De modo geral, este empreendimento foi mais que penoso. Entre operações de salvamento em consequência do furacão Katrina, entreter os corajosos soldados no coração das trevas do Oriente Médio, tentar conseguir um diploma em direito criminal e ainda manter uma rigorosa programação, este livro forçou os limites. Isso posto, não fosse pelas pessoas abaixo, *Avance* nunca teria visto a luz do dia.

Estou em dívida com as seguintes pessoas que, sem reservas, acreditam na missão de ajudar outras a se ajudarem:

Minha agente e amiga querida, Laurie Liss: as palavras nunca poderão expressar minha gratidão. Obrigado por estar à minha disposição, lutar por mim, ouvir sempre que eu estava no escuro e, acima de tudo, por sempre me proteger.

Kathryn Larkin-Estey, também conhecida como senhora "C", atual diretora executiva dos escritórios da D-Esprit, cujas presença calma, orientação gentil e energia positiva tornam cada dia com ela, apesar das loucuras, do caos e, algumas vezes, dos drama de vida ou morte, uma grande festa. Seu senso de humor me mata de rir!

Nossa antiga diretora executiva, a senhora Gabrielle Norwood, por assumir o leme durante tempos difíceis e águas agitadas. Sua falta é muito sentida.

Um agradecimento especial a Marsha, da First Class Publishing Projects, pelo seu meticuloso compromisso com a excelência em edição.

Uma bênção de coração para os ótimos sujeitos da Center Street e da Hachette Book Group USA, em especial para Christina Boys, a editora de fala mansa que se manteve distante quando necessário e no momento certo deu um empurrão para melhorar o livro. Foi um prazer.

SUMÁRIO

PREFÁCIO: Suas crenças.............11

UM: Aprendendo a deixar o passado para trás.............23

DOIS: Melhor para você, menos para carregar.............37

TRÊS: Você precisa acreditar.............57

QUATRO: Use-a ou perca-a.............77

CINCO: Líderes de verdade?.............95

SEIS: Avançando.............109

SETE: O verdadeiro mentor.............127

OITO: Mantendo a linha.............143

NOVE: Vivendo a *sua* vida.............157

EPÍLOGO.............173

PREFÁCIO

SUAS CRENÇAS

Acredito que a vida que *vivemos* é a vida que **criamos**. Chame isso de destino, vontade de Deus, carma, boa sorte, azar, o que for. Mas quando você finalmente se senta no fim do dia e se olha no espelho – depois de ter removido todas as impurezas e a maquiagem – e realmente se olha e vê onde está neste estágio da vida, sem qualquer fingimento ou armadilha enganosa da sua aparência externa... a realidade da vida acerta-o em cheio. Creio que não importa quantos erros tenhamos cometido, o quanto tenhamos arruinado tudo, nem quão velhos, cansados ou desanimados tenhamos nos tornado: enquanto houver uma ambição verdadeira e imutável, todos temos uma oportunidade de conquistar a grandeza. Todos podemos reunir coragem para lidar de uma vez por todas com os problemas que nos aborreceram ou paralisaram no passado, por mais esmagadores, dolorosos ou degradantes que tenham sido. Com determinação podemos superar as barreiras do dia-a-dia para progredirmos. Aprendendo com nossas experiências, podemos, e devemos, aspirar à realização de nossos sonhos, melhorando a vida não apenas para nós, mas também para as pessoas com quem convivemos ao longo da jornada de nossa vida.

Acredito que não seja necessário ter tido uma infância perfeita (se é que isso existe) para se levar uma vida satisfatória e produtiva. Não é preciso ter sido criado em um bairro majestoso e florido, estudar em uma universidade de renome, ser obcecado por cabelos abundantes e brilhantes, um corpo superdefinido cirurgicamente, sem um grama de gordura, e dentes branquíssimos ou residir numa mansão protegida por portões de ferro e possuir uma casa na praia, para obter e preservar esse nirvana específico. **(Diga-me, que espécie de fantasia delirante é essa?)**

Acredito que não é necessário que você tenha uma carreira multimilionária, nem o estilo de vida social dos ricos e ridículos, ou toda a fama do mundo *para que possa se **sentir** reconhecido, querido, estimado e, acima de tudo, amado.*

Creio que, embora possam ser cargos excelentes, não é preciso ser o prefeito de uma grande metrópole ou o diretor executivo de uma grande empresa para defender suas convicções; para liderar, unir ou educar outras pessoas para sua causa; ou para manter uma visão que preparará o caminho para as próximas gerações. As pessoas que dão duro *todos os dias*, que Deus as abençoe, sempre exerceram e continuarão a exercer, diariamente, um impacto sobre suas famílias, comunidades, trabalhos, países e o mundo como um todo.

Acredito com *extrema* convicção que os Estados Unidos e outras democracias são lugares onde qualquer um pode obter sucesso – não importa a origem, as lutas passadas, a herança ou a atual posição social, pois se pode superar tudo isso –, conquistar quase tudo para si e, o mais importante, para os filhos de seus filhos. As pessoas de livre-arbítrio que encontram determinação na adversidade ou na providência podem mover montanhas e derrubar barreiras colossais. Um lugar para alcançar a menor ou a maior das aspirações é muito mais do que uma mera fantasia, é uma oportunidade constante que se torna um estilo de vida.

De qualquer maneira, essas são apenas algumas de **minhas** crenças.

Como você pode perceber, sou muito passional a respeito de meus valores, de minha conduta e de como trato os outros, mas principalmente a respeito de ser otimista em relação à vida em geral. Eu me atenho a um padrão. Não por pretensão, mas com o propósito exclusivo de conhecer minhas capacidades. Se pareço arrogante ou dono da verdade, saiba que não sou nada disso e que **não** vejo com bons olhos as pessoas que se esforçam em se comportar dessa maneira.

Orgulho-me de ser esforçado, atencioso, humilde, compreensivo e útil para os outros. Segundo minhas estimativas, sou a pessoa mais sortuda do mundo, porque sei exatamente de onde vim. *Cometi* muitos erros, tive meus fracassos e, algumas vezes, fiz a pior escolha possível. Já me comprometi com situações em que sabia perfeitamente que estava me expondo de forma estúpida e desnecessária. Já depositei minha confiança, com a melhor das intenções, nos negócios ou na vida pessoal, apenas para ter meus gestos interpretados como sinais absolutos de fraqueza. Já busquei coisas só para provar meu valor a pessoas que eu sabia que me desprezavam e, provavelmente, sempre iriam fazê-lo, o que só intensificava meus esforços inúteis.

Sei qual é a sensação quando, não importa o que você faça, o quanto trabalhe e se sacrifique, dia após dia, você começa a acreditar que nunca irá progredir, que todo o seu tempo e esforço foram em vão. Sei que, às vezes, a responsabilidade, todo aquele peso que carrega sobre os ombros, torna-se insuportável, e tudo o que você deseja é fugir do mundo e simplesmente desaparecer.

Sei como é ser visto como algo que não se é. Sei como dói não se encaixar em um grupo – manter a cabeça baixa, a boca e os olhos fechados para as situações cotidianas, *vivendo uma vida vazia*, quando o tempo todo existe dentro de você uma outra pessoa, seu *verdadeiro* eu, ansioso para dar sua opinião e irromper para viver a vida do seu modo.

Sei, por experiência própria, o que é não ser nada e não ter nada, a ponto de ser invisível. Sei o que é ser importunado, indesejado e desprezado até não ter força física ou espiritual para abrir os olhos e ver de onde virá o próximo golpe.

Sei como é ser usado, quando ser degradado é uma ocorrência normal e diária; sofrer de baixa autoestima e executar tarefas com uma educação formal limitada; viver dia a dia com um sentimento de culpa esmagador por um passado obscuro e longínquo. Sei também o que é ser abençoado quando as pessoas à sua volta passaram por experiências muito piores, trabalham e se sacrificam mais sem serem igualmente afortunadas.

E sei exatamente o que é fazer a sua parte para ajudar a salvar o mundo, enquanto ao mesmo tempo se sente desamparado e não consegue amar e ser amado.

Porém, com tudo o que vivi – as coisas ruins, feias e repulsivas, bem como as boas, as grandes aventuras e os pontos altos que tive a sorte de alcançar –, o único elemento que levei comigo e no qual busco força em **todos** os aspectos de minha vida se reduz a uma palavra: determinação. Acreditar que as coisas irão melhorar. Que por mais que a vida tenha sido degradante, dura ou injusta, todos nós temos o direito e a oportunidade incontestável de conquistar a grandeza. A determinação de que, *se pudemos* suportar o pior dos momentos, então nossa mentalidade *deveria* ser a de que **podemos** e **devemos** muito bem realizar qualquer coisa. De que, não importa quanto uma experiência tenha sido ruim e dolorosa, precisamos reunir forças para enfrentá-la, assumir o controle e deixar de nos preocupar com ela, para podermos seguir em frente e viver uma vida plena e rica. Acredite: podemos não só realizar nossos sonhos, mas também reunir a coragem para abandonar nossa zona de conforto de forma consistente e lutar para melhorar nossa vida e a vida daqueles que nos cercam. A vida é bem mais do que poder adquirir, sem preocupação ou responsabilidade a respeito de como pagar, carros de luxo ou roupas de grife que você não irá usar três meses depois porque "saíram de moda", ou um *closet* cheio de sapatos tão dispendiosos que pelo preço de um par se poderia alimentar uma família por um ano.

| 14 |

Por outro lado, considero digno ficar satisfeito com a posse de algumas coisas refinadas pelas quais você ansiou toda a sua vida – pelas quais economizou e trabalhou duro –, sem deixar de estender a mão para ajudar outras pessoas menos afortunadas, ato que realmente enriquece nossa vida. Todos os americanos devem encontrar a capacidade e a maturidade para compreender a sorte que têm de viver em um país que é literalmente o símbolo de esperança para toda a espécie humana, enquanto é respeitoso para com aqueles que continuam a se sacrificar por nós.

Se minhas convicções parecem excessivamente práticas – ou, por outro lado, exageradamente melosas –, tenho boas razões para ser tão inflexível. Como muitas pessoas, superei uma origem bastante humilde. Como participante retardatário do jogo chamado vida, quanto mais olho para minha infância, mais ela me apavora. Mas, como aqueles que tiveram um passado semelhante, que lutaram e se sacrificaram em guerras, viveram e sobreviveram durante a Grande Depressão, superaram uma doença grave, foram explorados no trabalho, vivenciaram um divórcio desgastante, perderam um ente amado ou sofreram qualquer outra situação infeliz, eu, tal como dezenas de milhares de pessoas, aprendi rapidamente a adaptar-me e a superar as dificuldades. Avançar sempre foi minha solução.

Confesso agora abertamente que, por mais de vinte anos, tenho feito o melhor que posso na área de conscientização e prevenção de abusos contra crianças, além de dar assistência às legiões de outras pessoas no campo corajoso de salvar as vidas de vítimas das piores atrocidades. Apesar de ter um tremendo orgulho deste trabalho, ele não me define. Contudo, existem aqueles que me estereotiparam como o sujeito unidimensional do "abuso contra crianças".

Do fundo de meu coração, nada poderia estar mais distante da verdade.

É preciso determinação para superar uma experiência traumática, combater tumores no cérebro ou criar sozinho 1,8 filho! É preciso manter uma convicção pessoal – ater-se aos *seus* valores. **Essa** é a bandeira que carrego há tantos anos.

Determinação é a mensagem que lutei para transmitir, em cada palavra de cada parágrafo de todos os livros que escrevi e que foram lidos por milhares e milhares de pessoas. Esses mesmos livros obtiveram sucesso apesar de todo tipo de dificuldade: fraudes, desfalques e sabotagem deliberada. Eles também quebraram recordes de tiragem pelo mundo.

Avançar, seguir em frente, tem sido o tema singular de *todas* as palestras que tive a sorte de realizar em milhares de organizações pelo mundo. Fui abençoado com honras como ter recebido elogios de quatro presidentes dos Estados Unidos, ter sido considerado uma Outstanding Young Person of the World e ser premiado com o National Jefferson Award. No entanto, além de todas as assim chamadas realizações, meu foco principal sempre foi ser um bom pai para meu filho, educando-o através de exemplos (como fazem todos os bons pais), enquanto transmito-lhe esses valores que considero imprescindíveis.

Por favor, entenda: tudo o que mencionei acima foi somente para melhor demonstrar minha mensagem. É só isso. Como disse certa vez minha graciosa ex-mulher Marsha: "Dave não se importa em se valer de sua fama e seu prestígio para conseguir uma oportunidade pessoal, se for para promover sua missão de ajudar os outros". Não faço o que faço em troca de luxo, nem para manipular meu assim chamado *status* (que é mínimo, na melhor das hipóteses), ou para conseguir o melhor lugar em um restaurante caro e de prestígio e poder me sentar perto do astro de música pop do momento. Conheço pessoas que têm essas intenções e isso é ótimo para elas. Somente não é meu estilo.

Outra maneira de olhar a questão é que não sou um sujeito que leu algo em algum lugar e saiu por aí em busca de se tornar o Mestre Incentivador da Motivação. Em outras palavras, eu **me criei**. Como você e muitos outros, para o bem e para o mal, vivi tudo isso. E sou bom no que faço. Sem egocentrismos, eu me

| 16 |

orgulho. Realizei muito e, se Deus quiser, realizarei muito mais. Pela graça de Deus e com muita sorte, conquistei meu lugar.

Nos capítulos seguintes eu o ajudarei a encontrar algo que você perdeu e/ou a descobrir uma convicção que sempre teve e não sabia. Nada de truques ou feitiçaria; apenas bom senso e informações que podem ser aplicadas imediatamente. Ao contrário de meu livro *Ajude-se*, que entra em detalhes sobre como aprender e resolver questões pessoais críticas, *Avance* é um guia para ajudá-lo a perceber, bem no fundo de seu ser, que não importam o obstáculo, a tristeza ou as derrotas, é possível superá-los. É possível tomar a iniciativa, definir o padrão, lidar com o passado e compreender que, com o bom, o grande e o repugnante, há um propósito para quase tudo. Mas é preciso assumir uma posição. Você precisa manter a cabeça erguida. Acreditar que haverá dias melhores no futuro. Como disse certa vez Richard Paul Evans, meu querido amigo e autor (que também levou alguns baques difíceis): "É no céu mais escuro que se veem melhor as estrelas mais brilhantes". **Você** é essa estrela. Só precisa sacudir a poeira e ter convicção para brilhar e ser visto!

Acredito que agora, mais do que nunca, necessitamos daqueles que são justos em suas causas. E com sua convicção, sua confiança, prometo que farei tudo o que puder para assistir, educar e inspirar. Cada palavra e cada exemplo neste livro é para você. Não importa como você pensa, age ou simplesmente se vira; no fim do dia, quando olhar para seu reflexo no espelho, a realidade da sua vida será *avançar*.

Enquanto escrevo estas palavras para você, os Estados Unidos nosso mundo e nosso modo de vida vêm mudando drasticamente. Acredito que hoje, mais do que nunca, nossas famílias, nossas comunidades e nossa nação, esperam e exigem gente de verdade que assuma suas responsabilidades e se comprometa a fazer a diferença. Elas precisam de gente assim. Mesmo que aquilo que você faça melhor seja varrer o chão para viver, aprontar os filhos para a escola ou trabalhar como voluntário uma vez por semana em um abrigo para pessoas sem teto, isso tem impacto sobre a "boa vontade coletiva da vida". Todos nós podemos fazer **essa** diferença. Minha função é ajudá-lo a se ajudar; mas para que o faça, aqui e agora, *preciso da sua confiança*. Preciso que você faça mais do que simplesmente ler este livro. Preciso que pesquise um pouco. Que se abra honestamente a respeito de sua vida até este momento. Também preciso que invista um pouco do seu tempo. Mas não entre em pânico; tudo será simples. Mais do que ninguém, compreendo e valorizo pessoas superocupadas. Mas isto é importante. Se não fosse, não estaria lendo este livro. É claro que você realmente deseja fazer mudanças, tornar as coisas melhores para viver uma vida mais feliz e muito mais produtiva.

Neste ponto da sua jornada, você *não pode mais* viver à margem da vida. Não pode ser um mero observador, esperando, rezando para que alguém venha salvá-lo e ensinar-lhe o que dizer ou fazer e a controlar todos os aspectos da sua vida.

Reflita sobre isso: ou você vive a vida ou ela o vive. *Avance* irá exigir um pouco – só um pouco – de interação de sua parte. No final de cada capítulo, há uma série de perguntas, especialmente relacionadas àquela seção em particular, para ajudá-lo a explorar sua perspectiva pessoal. Espero que você fique tão cativado pelos capítulos que essas perguntas ajudem a estimular algo possível de ser aplicado para melhorar sua vida. Na realidade, você precisará apenas de alguns minutos, uma caneta ou um lápis e uma folha de papel.

Se for aberto e honesto consigo, valerá muito a pena.

Parte do processo da seção Sua Perspectiva Pessoal foi idealizada para que você perceba que pôr algo em termos claros é muito mais construtivo do que um simples pensamento que passa pela sua mente à velocidade da luz. Ao colocar as coisas no papel, você está na verdade estimulando o cérebro, enquanto revê eventos da sua vida e coloca determinados aspectos em uma perspectiva melhor. Resumindo, escrever funciona.

Para ajudá-lo ainda mais, no fim de cada capítulo, antes das perguntas, revelarei partes essenciais da minha vida (para o bem ou para o mal) e como elas se aplicam àquela seção. Em linhas gerais: como autor, estou empenhado em ajudá-lo a alcançar sua grandeza!

Assim, nas palavras de um americano corajoso, o falecido Todd Beamer: "Vamos em frente".

Que Deus o abençoe.

Dave Pelzer

SUA PERSPECTIVA PESSOAL
Suas crenças

- Em geral, você acredita que sua vida é guiada mais pelo acaso ou mais pelas opções que fez? Que impacto cada um deles tem tido sobre sua vida até agora?

- Mesmo que tenha tomado algumas decisões erradas, você consegue encontrar forças – reunir coragem – para fazer o que é preciso para melhorar? Será que o medo dos erros do passado o impede de avançar?

- De um modo geral, você gosta de si mesmo e de sua vida?

- O que você faz especificamente no dia-a-dia para servir de exemplo para outra pessoa?

- Quando criança e quando jovem, qual era sua paixão?

- Você sente que perdeu contato com sua ambição? Nesse caso, qual foi o evento específico que o fez perder o entusiasmo?

- Você está em um ponto na vida em que pode escolher seguir seu sonho? Caso contrário, quando estará?

- Você está disposto a dar os primeiros passos (mesmo que isso leve alguns meses ou mais) diariamente para seguir rumo ao seu sonho?

- O que você defende?

- Qual é a impressão singular pela qual deseja ser lembrado?

AVANCE

CAPÍTULO UM

APRENDENDO A DEIXAR O PASSADO PARA TRÁS

Quando tenho a sorte de realizar uma noite de autógrafos, sempre quero dar às pessoas mais que um autógrafo ou uma foto. Sei que muitas delas reservaram tempo em suas agendas apertadas e estou ciente de que algumas dirigiram centenas de quilômetros para me ver por apenas alguns minutos. Assim, faço questão de dar mais: faço com que se sintam à vontade, digo algumas frases engraçadas e transmito conselhos que têm me ajudado a superar fases difíceis. Algumas vezes meu discurso é bem-humorado, noutras é um pouco mais firme e sério. Não importa o que faço, sinto compaixão por aqueles que talvez tenham lutado com desafios que a vida tenha posto à sua frente.

Há alguns anos, numa noite de autógrafos, falei sobre a importância de enfrentar situações. Um cavalheiro de nome Joe me interrompeu humildemente:

– Entendo o que você quer dizer, mas simplesmente não posso fazê-lo. *Não posso esquecer!*

Quando Joe parou por um instante para se recompor, ele parecia fechar os olhos, envergonhado, enquanto seu rosto estava voltado para o chão. Num relance analisei a linguagem corporal dele. Seus ombros estavam completamente caídos. Quando dei um sorriso para animá-lo, esforçou-se para evitar qualquer contato visual. Pelo tom da sua voz, eu sabia que ele estava profundamente ferido, mas comecei a ler outra coisa. Uma parte de mim sentia que ele podia estar um pouco à vontade demais com sua atitude amuada. Todos nós temos maus dias. Porém, o importante para mim é que não tornemos cada dia um mau dia, formando assim um hábito negativo.

O problema com Joe era que ele dava a impressão de que não estava inclinado a sair da sua zona de conforto autoinduzida de miséria. Ele não queria ser questionado, nem desejava lidar com nada que pudesse ameaçá-lo. O "Velho Joe" claramente não era o tipo de sujeito que assumiria a responsabilidade e tomaria o controle, apesar do fato de ele *estar* no controle de seus atos. Preferia ficar na lama em vez de deixar o passado para trás ou se doar para ajudar os outros quando algo ruim acontecia. Em resumo: qualquer que fosse a razão, justificativa ou desculpa, para permanecer em segurança Joe fechou-se em si mesmo.

Contudo, alguns minutos antes ele parecia bem, rindo com o resto do pessoal quando eu estava fazendo graça durante meu monólogo de abertura. Só depois que fiquei sério demais para o gosto de Joe foi que sua atitude mudou completamente. Com sua declaração de desespero pairando no ar, ele suspirou fundo para que todos parassem, vissem-no e se apiedassem dele. Era como se, com o passar dos anos, pelo fato de não ter conseguido resolver os problemas do passado, Joe tivesse treinado para reagir fugindo automaticamente. Ele nada fazia quando precisava enfrentar problemas, mesmo que fossem os episódios bobos do cotidiano: ter um mau dia, ter azar, viver a lei de Murphy, tropeçar no cordão do sapato, perder as chaves quando se está atrasado para o trabalho. Nem mesmo situações muito mais vitais ou graves, como descobrir que você tem câncer, perder um ente amado ou ter seu cônjuge enviado para o exterior para combater o terrorismo, se comparavam à vida do pobre Joe.

E agora, como se tentasse extrair lágrimas dos olhos, Joe falava:

– É difícil demais. Não posso... não consigo fazer isso. Não consigo deixar para trás tudo o que aconteceu na merda da minha vida. Não consigo.

Não pode ou **não quer** eram as palavras que me ocorriam. No instante seguinte, fiz uma análise rápida de Joe. Dava para ver que ele não era um idoso com apenas alguns meses de vida. Parecia gozar de boa saúde e estava bem vestido. Em outras palavras, não era um desamparado. Não estava na reta final da vida, nem parecia passar fome ou ser pobre. Ocorreu-me que o Velho Joe era um "chorão", alguém que só se sente seguro e totalmente à vontade quando chafurda na sua desgraça autoimposta.

Para ajudá-lo, teria de fazer algo direto e ultrajante. Eu precisava abordá-lo com algo que não só chamasse sua atenção, mas também garantisse que ele não fugisse da responsabilidade dando uma série infindável de desculpas, como certamente havia feito na maior parte de sua vida.

Com a última fala de Joe – "É difícil demais. Não consigo fazer isso. Não posso deixar para trás tudo o que aconteceu na merda da minha vida" – ainda pairando no ar, a divina providência ajudou-me a formular as palavras. Respirei fundo, mantive o olhar fixo nele e disse:

– Senhor, sinto muito por sua dor, de verdade.

A seguir, em um tom mais deliberado, prossegui:

– Saber que você precisa resolver suas situações é uma coisa e eu o felicito por isso, mas seguir em frente e fazer algo a respeito de uma vez por todas é algo totalmente diferente. Assim, já que você não consegue se livrar de toda essa merda em sua vida, eis o que quero que faça. Na próxima vez em que for ao banheiro para defecar, não quero que o faça no vaso, mas em um saco de lixo. Isso mesmo. Um saco industrial grande e forte, porque tenho certeza de que você tem um monte de cocô armazenado. Então, já que você não consegue deixar para trás toda a sua merda... não deixe. Guarde-a com você. Você ouviu bem.

| 25 |

Quero que a leve a todos os lugares em que for. Todos! Quero que leve fisicamente sua merda com você por toda parte; arraste o saco até o quarto quando for dormir, ao banheiro quando for se barbear, à cozinha, onde poderá deixá-lo na cadeira ao seu lado enquanto toma seu café-da-manhã.

Àquela altura o público estava entendendo exatamente o que eu queria dizer, mas fui mais longe:

– E quero que você coloque o saco no banco da frente quando dirigir até o trabalho e deixe-o ao seu lado enquanto trabalhar. Leve-o consigo quando for beber água e também quando for ao cinema, à academia ou sair com sua namorada, e então, tarde da noite, quando você e ele estiverem a sós, você poderá se encostar para que ele lhe faça companhia.

Parei por um segundo para dar o golpe final:

– Aposto que, depois de dois ou três dias andando por aí com toda aquela merda enchendo o seu saco, dia após dia, você vai querer *muito* se livrar dela. Não é, Joe? – perguntei, chutando a bola para o campo dele. Depois de mais alguns segundos de silêncio, tudo o que o Velho Joe pôde fazer foi fazer um sinal de assentimento.

Eu não estava, de maneira nenhuma, tentando desrespeitá-lo ou embaraçá-lo, mas sim procurando chamar sua atenção absoluta. Minha ideia era despertar os ouvidos de qualquer um que ainda chafurdasse nos problemas do passado – a perda de um ente amado, uma mudança súbita de emprego, um divórcio doloroso, uma infância infeliz – antes que eles assumissem o comando e o controlassem.

Agora quero que você, caro leitor, pare por um momento e respire fundo, porque preciso realmente que leve isto a sério. A única coisa que me deixa muito irritado é quando algo do seu passado, uma coisa ocorrida talvez há mais de quarenta anos, ainda domina todas as facetas da sua vida, causando vergonha e tristeza e também esgotando toda a estima e ambição da sua vida! Repito, *sua vida.*

Agora me diga – ou, mais importante, pergunte-se honestamente: isso não é uma grande estupidez? Compreendo plenamente que lidar com situações e curar-se delas leva tempo. Mas quanto tempo, energia e sofrimento são necessários para preencher o vazio, para seguir em frente ou, mais importante, melhorar as coisas? Se você tem quarenta anos e ainda está remoendo algo que lhe ocorreu quando tinha quinze, será que já não desperdiçou mais tempo de vida do que o tempo que durou o evento em si? Não é verdade? Na vida em geral, já existe cocô demais. Merda, bosta, cocô, qualquer que seja o nome – isso nunca irá lhe fazer nenhum bem. *Merda é merda!*

E AGORA, ESTÁ PRESTANDO ATENÇÃO?

Alguns de vocês podem estar pensando: "Dave, sei o que você quer dizer, mas nos dar um exemplo com merda – tenha dó!" É verdade. Admito que é um pouco demais. Mas, sem me desculpar, minha resposta é: confie em mim. Existe um método na minha loucura.

Eu poderia usar um exemplo menos visual, mas no fundo iria me sentir limitado. Não conseguiria fazer entender a relação imperativa e modificadora que existe entre uma coisa e outra, e que me sinto determinado e moralmente forçado a fazer.

Essa é minha posição e agarro-me firmemente a ela.

Porque, como você sabe, haverá ocasiões em que você *estará* na mesma posição, aconselhando e ajudando pessoas de uma maneira ou de outra – um amigo, parente ou filho. Seus esforços poderão parecer incomuns e talvez não muito populares ou "novos", nem aquilo que algumas pessoas desejam ouvir; porém mesmo assim você deve ajudar. Existe a obrigação de criar impacto. É isso mesmo. Você não está aqui para vencer um concurso de popularidade. E quando se trata de ajudar os outros, embora você possa tentar se proteger e não forçar a questão, ou não fazer nada exceto ficar sentado em silêncio, completamente parado e neutro sobre os "limites da vida de cada um", esperando *não ofender* ou – Deus nos livre – pisar no calo de alguém, você sabe que isso não irá funcionar, não ajudará em nada. E com certeza não removerá obstáculo nenhum para as pessoas que podem estar com necessidades urgentes.

Como mentor e como líder, digo que, se existe algo que você possa fazer, faça! Se tem algo a declarar, declare. Pense com a cabeça. Fale com o coração. Nove vezes em cada dez, até mesmo aqueles que não concordarem com sua posição, seus métodos, atos ou palavras irão respeitá-lo por ter tido a coragem de procurar melhorar as coisas. E, caso não o façam, que vão para o inferno – não faria diferença.

O importante é se esforçar ao máximo, e você só pode fazê-lo livrando-se dos montes de merda estúpidos, sem valor e desnecessários e impedindo que eles voltem a se acumular na sua vida. E é *disso*, caro amigo, que trata a verdadeira liderança. Fazer o melhor possível e se arriscar. Tomar posição e também procurar evitar os montes de bosta de vaca da vida. E quando pisar num deles – o que é completamente normal na vida e absolutamente inevitável – tudo o que poderá fazer é limpar os sapatos e prosseguir na jornada da vida sem pensar mais no assunto.

É UM PROCESSO NATURAL

Assim, agora que conto com sua total atenção e, espero, com um pouco mais de sua confiança, vamos analisar meu exemplo incomum. Para começar, como você sabe, todos nós acumulamos na vida um certo volume de lixo, lama, bagagem ou qualquer nome que se dê. Quer se trate de situações passadas ou presentes, nenhum de nós é virginal ou "sem mácula". Em segundo lugar, todos nós lidamos com uma certa quantidade de lixo todos os dias. Acrescente-se o fato de que, como pais, estudantes ou profissionais, lidamos com tanto "lixo" que isso se torna um *processo* natural em nossa vida: de fraturar um braço brincando no jardim a perder a lição de casa antes de uma prova, de se ver preso no trânsito na hora da reunião mais importante da sua carreira a ficar até tarde fazendo contas para ver como irá "esticar" o dinheiro até o fim do mês; trata-se de coisas inesperadas e desnecessárias que se acumulam todos os dias. E você *precisa* alcançar seus objetivos. Na maior parte dos casos, você lidava com coisas assim (ou no mínimo procurava lidar) no "modo automático", sem pensar nem se esforçar muito. Era tão natural quanto caminhar.

Era?

Pense nisso desta maneira: lidar com as porcarias mentais da sua vida é semelhante ao seu sistema digestivo. Tudo aquilo que o corpo não absorve fisicamente para se manter em funcionamento – proteínas, vitaminas, sais minerais, cálcio e carboidratos – é eliminado através de um extenso processo natural. Mais uma vez, não há necessidade de pensar nem de se esforçar. Seu estômago não pensa muito a respeito do que fazer com um hambúrguer. Isso é automático. É isso que você quer que sua mente faça com todo aquele lixo mental que se acumula: que seu cérebro assuma o comando, reagindo e resolvendo tudo *automaticamente*. Em termos mentais, é assim que ele *deveria* funcionar.

Mas algumas pessoas, quaisquer que sejam suas razões ou desculpas, se agarram a uma certa quantidade desse lixo mental. Ele simplesmente vai se acumulando dia após dia, sem perspectiva de parar. E, quanto mais ele se acumula, mais difícil fica livrar-se dele e mais ele nos desgasta. Isso, por sua vez, independentemente da nossa vontade, programa nosso cérebro para que ele **não** lide com situações de que deveria cuidar automaticamente.

E não se esqueça de que todo aquele material que está enchendo sua cabeça, ocupando todo esse espaço, puxando você para trás, botando-o para baixo, não passa de **merda desnecessária!** Lembrar-se de levar a roupa à lavanderia, concluir aquela tarefa para seu chefe, irritar-se com o trânsito... daqui a algumas horas, ou dias, você acha que vai se lembrar desse lixo?

Outra pergunta (e, mais uma vez, peço sua indulgência): de todos os tópicos a cujo respeito nós conversamos – religião, trabalho, filhos, casa, contas, ambições, saúde, sexo, política, bem como seus outros desejos e necessidades –, você já viu alguém que conhece conversando sobre merda? Pode imaginar como isso seria estranho? "Ei, João, venha até o banheiro para ver o que Marta está me dando para comer." Pessoalmente, não creio que essa seria uma experiência agradável para ninguém.

E por que não falamos a respeito disso? Porque merda é merda! Mais importante: em termos psicológicos, o assunto é perda de tempo! Não permitimos que essa porcaria domine nossa vida. Trata-se de uma parte básica da vida, como o são muitos elementos, mas apenas isso. E ponto final!

É isso que líderes, mães, pais, gerentes, profissionais e outras pessoas fazem. Não devemos deixar a merda entrar na nossa vida. A cada dia todos nós, de uma forma ou de outra, devemos lidar com uma certa quantidade dessa coisa e, depois que o fazemos, simplesmente seguimos em frente. Esquecemos o assunto.

Contudo, permitimos que todo o lixo psicológico se acumule, apodreça e assuma o controle quando tudo o que temos de fazer é tomar providências, eliminando-o e seguindo em frente!

A verdade é essa: merda é algo que deve ser desprezado, não acumulado desnecessariamente, porque ninguém precisa dela para viver! É como uma camisa velha e fedorenta que você não usa há dez anos. Cedo ou tarde, todos nós arregaçamos as mangas e fazemos uma limpeza anual na garagem, onde já não há lugar para estacionar os carros desde o primeiro governo Bush (o pai), ou naquele *closet* cuja porta parece que vai explodir toda vez que passamos diante dela. *Nossa* casa. *Nosso* mundo. Trememos de medo toda vez que chegamos perto "daquela área". Pensamos que, não "indo lá", estamos seguros. Mas isso não é verdade. De uma forma ou de outra, todos nós, querendo ou não, acabamos abrindo aquela porta para procurar alguma coisa ou, mais provavelmente, para esconder mais coisas lá dentro e fechar a porta o mais rápido possível, esperando que ela não se rompa e nos soterre.

Isso não é maneira de viver.

Todo esse *lixo* desnecessário do passado que fica flutuando em sua cabeça descontroladamente – a culpa, a vergonha, o remorso, a raiva, a frustração, a perda – é merda. Se uma coisa negativa domina você, é merda. Se não está lhe ajudando em nada, é merda. Se você está infeliz, insatisfeito e se sente mal ou desanimado, é porque está com a cabeça cheia de **merda**. Merda!

Pense nisso da seguinte maneira: as pessoas que parecem estar bem dispostas e têm uma base sólida de autoestima – não importa o que lhes aconteça, contra ou a favor – sabem como lidar com o lixo da vida.

E, agora que abri seus olhos para um ponto de vista óbvio e, espero, mais duro, quero que se sente, relaxe, reze, medite e abra seu coração. Quero que pense realmente a respeito de *tudo aquilo* que o vem prejudicando desnecessariamente. Quero que tenha coragem para reagir à altura, tornar-se proativo e puxar a descarga para eliminar toda essa merda desagradável – de uma vez por todas!

MINHA PERSPECTIVA PESSOAL

Deixar o passado para trás

Quando criança, suportei um volume infindável de inferno e medo constantes. Tomei então a decisão consciente de não seguir os passos de minha mãe abusiva. Contudo, mesmo como adulto, depois de tudo por que passei, existem vezes e situações aparentemente esmagadoras em que sinto como se deixar o passado para trás fosse ainda um processo em andamento.

Certa vez, quando eu iniciava o curso fundamental, minha mãe me empurrou para dentro do seu quarto. Enquanto ela gritava, eu me lembro das grandes gotas de saliva que saíam da sua boca com cheiro rançoso. Com muitos detalhes, ela falou sem parar a respeito do quanto eu era horrível e desprezível, mas também a respeito do embaraço que havia causado à *família*, tão grande que finalmente Papai Noel havia se sentido moralmente obrigado a lhe escrever em repúdio às minhas atitudes. Enquanto ela sacudia a carta na minha cara, a poucos centímetros do meu nariz, eu senti que alguma coisa estava errada. O envelope não tinha carimbo do correio. A escrita era em tinta azul-escura, a mesma cor da caneta de minha mãe. E a caligrafia era claramente semelhante à dela.

Eu sabia.

Eu era jovem e, em muitos aspectos, limitado. Ela era mais velha e muito mais sábia – mas no fundo, instintivamente, eu **sabia**.

Naquela tarde, sem hesitação, enquanto levava meus tapas na cara, chorei pelo perdão de minha mãe, ansiando secretamente pela aprovação dela. Contudo, no fundo do meu coração alguma coisa começou a crescer. Desejo de vingança, justiça – você escolhe o nome.

No ano seguinte, minha mãe queimou meu braço no fogão a gás. Em seu estado de embriaguez, ela inventou que eu havia cometido o **crime** de correr no gramado durante o recreio da escola, sujando assim meu uniforme. Disse que vinha observando a mim e meus irmãos, indo até a escola para nos olhar no recreio, e que havia me *visto*. Não significava nada o fato de eu não ter feito aquilo, nem de minhas calças ainda estarem com os vincos intactos e sem nenhuma mancha.

Ainda recordo do cheiro dos pelos queimados do meu braço enchendo a cozinha enquanto eu gritava de dor e horror.

Minutos depois, para não expor nosso segredo quando Ronald, meu irmão mais velho, voltou para casa da reunião dos escoteiros, fiquei na garagem lambendo as bolhas no meu braço direito. Cruzando um rio de lágrimas, medo, vergonha e dor, ergui meu braço direito o mais alto possível, como se fosse colocar minha mão sobre uma Bíblia invisível. Jurei a Deus nunca ceder, nunca me tornar alguém consumido pelo ódio como minha mãe.

À medida que as situações entre mim e minha mãe se tornavam ainda mais bizarras, quando eu já havia ultrapassado mentalmente o limite de aguentar mais um nanossegundo – depois de ter me amaldiçoado, rezado e gritado por dentro –, eu registrava na câmera do olho como o alcoolismo de minha mãe, associado à sua repulsão interior, acabaram por transformá-la.

Eu sabia que a culpa não era só minha. Como uma criança assustada que vivia em um porão escuro, entendia que pouco poderia fazer para mudar minha situação. Mas, pelo menos, depois de rever uma situação após a outra repetidamente, cheguei à conclusão de que a culpa não era só minha. Minha mãe era doente. A pessoa cujos olhos brilhavam de alegria enquanto sonhava com novas maneiras de me torturar não era minha *Mamãe*. Era alguém totalmente diferente.

Ver a situação exatamente como era na época me ajudou. Até hoje, ainda há vezes em que um muro de vergonha e ansiedade recai sobre mim. Mas, como faço com tudo o mais, lido com ele o melhor possível e ele desaparece. Com o tempo, muito trabalho e maturidade, consigo ver meu passado como aquilo que ele *não* foi. E como aquilo que acredito que ele ainda é. Meu passado sempre será parte de mim. Mas é somente uma parte, uma pequeníssima fração de minha vida. Enxergar dessa maneira ajuda.

Deixando o passado para trás, impeço que qualquer dificuldade me domine como o fazia minha torturadora, falecida há muito tempo. Com todo o coração, rezo todos os dias para que minha mãe possa finalmente ficar em paz com seus demônios.

SUA PERSPECTIVA PESSOAL
Aprender a deixar o passado para trás

• Você tem dificuldade para deixar o que passou para trás?

• Em caso positivo, por que acredita que isso acontece? É por medo de enfrentar o desconhecido? Você prefere permanecer na sua rotina confortável, fazer aquilo que já conhece?

• Você se surpreende culpando questões não resolvidas do seu passado por uma situação atual que o deixa infeliz? Em caso afirmativo, qual foi o evento? Você ficou com medo? Sentiu que não podia controlar essa situação?

• Você se vê algumas vezes reagindo de forma exagerada e agredindo outras pessoas – física, verbal ou emocionalmente?

• Em vez de enfrentar os problemas, você se fecha ou foge?

• Qual é seu "refúgio" interior? Você consegue ir até ele quando se sente vulnerável?

• Para viver uma vida mais positiva e produtiva, você está sinceramente disposto a fazer o que for preciso para substituir o hábito negativo de não enfrentar os problemas pelo hábito positivo de encarar as situações?

| 35 |

CAPÍTULO DOIS

MELHOR PARA VOCÊ, MENOS PARA CARREGAR

No clássico filme de Sergio Leone *Os bons, os maus e os feios*, com Clint Eastwood, vemos o personagem de Eastwood numa situação desesperada. Os papéis se inverteram para Clint, que representa Blondie, um frio oportunista. Agora ele está diante de um vasto deserto enquanto Tuco, seu oponente hostil, descansa sobre o cavalo. Quando Blondie tenta pegar seu cantil, Tuco atira imediatamente, arrancando-o da sua mão. Com os lábios rachados e o rosto queimado, Blondie olha para seu inimigo, que ri de forma sádica:

– Ei, Blondie, melhor para você... menos peso para carregar, não é?

Por mais incomum que possa parecer esse exemplo, eu realmente quero que você pense a respeito dessas palavras. Apesar de não recomendar o método de Tuco, suas palavras soam verdadeiras. Quando se trata de arrastar toda aquela merda que se acumulou ao longo dos anos, é de fato melhor para você ter menos peso para carregar.

Lembre-se: você nunca será capaz de ajudar os outros – filhos, cônjuge, colegas, amigos ou pais – se não conseguir administrar sua própria vida. Nunca será capaz de questionar, inspirar ou fazer uma mudança substancial dentro de si mesmo ou daqueles a quem ama se estiver oprimido **e** *ao mesmo tempo* lidando com seu passado. Nunca é demais enfatizar isso. Certo? Assim, recapitulando um pouco, agora que já vimos como podemos nos livrar psicologicamente do lixo em nossa vida, como resolver a questão? Em primeiro lugar, se existem situações que **dominam** sua vida ou o impedem de ser feliz ou produtivo, procure ajuda profissional, pelo amor de Deus! Nestes dias e nesta época, com tantos *talk shows* diferentes na tevê, cujos entrevistadores vão do sincero ao bizarro, bem como as personalidades que soltam o verbo pelas ondas do rádio, pergunte-se: qual assunto ainda não foi abordado, espalhado por toda parte ou repisado para que todos vejam, ouçam e observem idioticamente? A questão é: você não é o único com problemas e provavelmente não é o único a enfrentar essa situação em particular. Na verdade, quando se trata de aconselhamento, há algumas cidades onde a terapia não só é aceita, mas também considerada um símbolo de *status*.

Para realizar uma boa terapia, meu conselho é que você se decida, se abra e seja honesto – quero dizer psicologicamente despido, expondo cada partícula do seu ser. Você precisa ser honesto com seu terapeuta a respeito de seus **sentimentos**. Será uma completa perda de tempo para ambas as partes e um grande – e quero dizer enorme – passo para trás se você simplesmente revelar pouco sobre os acontecimentos de sua vida ou não for brutalmente honesto a respeito de incidentes cruciais que *ainda* o afetam muito.

O QUE É PRECISO

Não importa o que você fizer, não recorra ao aconselhamento em busca de uma solução rápida, como se tudo fosse mudar da noite para o dia, criando um "você totalmente novo em cinco ou menos super-sessões". Como você bem sabe (ou deveria entender), todas as coisas boas levam tempo. Se você enfrentou conflitos por, digamos, vinte anos, é provável que sejam necessários mais de vinte minutos para descobrir a verdade sobre as situações.

É preciso analisar os elementos envolvidos e depois reconstruir-se com maturidade, sabedoria e uma perspectiva totalmente diferente, substituindo hábitos negativos, defensivos e reacionários por outros, produtivos e proativos. Só então você finalmente conseguirá avançar de maneira consistente, saudável e progressiva.

É ISSO AÍ!

(Muito bem, pode expirar agora.) "Mas quanto tempo leva tudo isso?", perguntará você. A resposta é: não sei. E na verdade ninguém sabe. Nem mesmo o melhor dos melhores no campo da psicologia pode dar essa resposta. Cada mente reage de maneira diversa. Cada um progride à sua própria velocidade. Mas posso lhe dizer que, quanto mais cedo você chegar ao âmago dos seus problemas, mais cedo poderá se reconstruir; isso significa que você poderá começar mais cedo a viver sua vida de acordo com seus desejos, e não de acordo com aqueles problemas ou pessoas do passado que parecem estar puxando você para trás ou para baixo.

Daí vem o mantra: quanto mais cedo, melhor.

Você, e somente você, precisa reunir a capacidade para assumir uma posição e um *compromisso real*. Para se erguer psicologicamente e enfrentar aqueles demônios de uma vez por todas. Isso requer muita coragem, determinação e perseverança. Agir assim deverá ajudá-lo a manter a cabeça erguida: pelo menos você está tentando. E está seguindo em frente. Pelo menos está agindo. Tenha em mente que, se você já suportou sozinho aquelas montanhas de desespero do seu passado, então uma orientação profissional só poderá ajudá-lo. Você deverá não só ser capaz de achar um apoio para atingir seu auge, mas também poderá atingi-lo com muito mais facilidade.

Saiba que nessa expedição haverá muitas idas e vindas até você atingir seu destino final. É provável que haja sessões das quais você irá sair aos tropeços, sentindo-se completamente esgotado. Além disso, poderá haver algumas sessões das quais você sairá sentindo-se mais perturbado, áspero e provavelmente mais vulnerável do que quando começou. *Essas* são as boas sessões. É *assim* que você se abre. Isso ocorre quando você expõe algumas camadas ocultas. Esses avanços irão capacitá-lo a romper as correntes que o vêm prejudicando há tanto tempo!

Assim, em meio a toda a sua aflição, mantenha a calma e não perca as coisas de vista. Lembre-se do fato de que *primeiro* é preciso encontrar as células destrutivas, **todas** aquelas células cancerosas, para impedir que se espalhem ainda mais nos recessos da sua alma.

(Agora você pode respirar um pouco mais fundo.)

MAS NÃO PELO RESTO DA VIDA

Uma nota especial: por mais produtiva que possa ser a terapia, não fique dependente, isto é, não a use como uma muleta. A terapia profissional existe para ajudar a identificar problemas – reais, passados ou presentes – com o único propósito de ajudá-lo a lidar com a vida. Uma vida produtiva. Sua vida. Quaisquer que sejam as cartas que recebeu, você deve adotar uma atitude do tipo "vamos em frente".

A terapia é somente um instrumento que usamos para nos ajudar a atravessar aquela muralha psicológica. E é só!

A terapia **não** é um instrumento ao qual se recorre para cada pequeno episódio infantil da vida adulta, como: "Não consigo amarrar meus sapatos. Caí e esfolei o joelho. Ronnie está olhando para mim. Ainda não chegamos? Ai de mim. O que irei fazer? Nunca superarei isso! Como posso seguir em frente, avançar?"

Como simples mortal, acredito que a habilidade de se curar e avançar não é uma questão de capacidade craniana de cada um, mas sim do seu bom senso no dia-a-dia. Obtenha aquilo de que necessita e vá em frente. Pressione. Considerando que fazemos parte da espécie superior, não se esqueça de que descobrimos, aprendemos e nos adaptamos a novas situações principalmente por meio de nossos erros e fracassos, bem como de grandes fiascos. É o que deveríamos fazer, no mínimo.

Você precisa de ajuda? Trate de consegui-la. Sou totalmente a favor. Mas, no início, no meio e no fim do dia, a autoconfiança é a chave.

Sei que pareço *um pouco* sarcástico e exageradamente óbvio, e, para alguns, ligeiramente insensível. Mas você ficaria surpreso com aquilo que li, ouvi e experimentei pessoalmente. É estranho demais para ser ficção. Para ser franco, é triste. Ou, para ser totalmente direto, é patético. É lamentável a maneira como as pessoas gastam mais tempo e energia se esquivando ou agarrando-se à esperança de que alguém, *qualquer* um, irá salvá-las *delas mesmas*.

Vou lhe fazer uma pergunta: não é *asinino* o fato de haver pessoas que anseiam por independência, que exigem respeito o tempo todo, mas só conseguem funcionar quando são completamente dependentes de outras?

Não é?

Apenas fique sabendo que não é saudável se viciar em terapia. É só isso. O que mais desejo que você evite é ficar na terapia por anos e anos, revendo os mesmos eventos vezes sem fim, sem nenhum avanço, nenhum progresso, a respeito de "algo" ocorrido há anos e anos.

Estou sendo claro?

Você já conheceu alguém que simplesmente não consegue superar uma "questão"? Eu com certeza já. E, mesmo que ela tenha acesso a terapia profissional ou a simples conselhos lógicos e sinceros de amigos de confiança, isso não basta para que ela avance. Pode ser que justifique para si mesma que é mais seguro permanecer no seu "casulo". O casulo do "Ajude-me, ajude-me". O casulo da vergonha, da insegurança, do ódio, do medo ou da falta de coragem para dar aquele mergulho, aquele passo além de "seja lá o que for".

Há algum tempo, depois de falar em um programa a respeito de resiliência, conheci a versão feminina do Velho Joe na recepção: uma mulher de meia-idade que vestia o manto do desânimo, da insatisfação e do "Eu preciso! Eu preciso! Eu quero! Eu quero!" E, como o Velho Joe, "Joelene", depois de anos de terapia profissional, ainda não havia conseguido "superar os problemas".

Num guincho frenético, ela gritou:

– Está bem! Aos oito anos sofri abusos por parte do meu pai, e uma vez ele me bateu no rosto e disse que eu era estúpida... estúpida.

Quando Joelene parou, pensei que iria continuar com seu desabafo. Seus olhos se estreitaram sobre os meus e então, como se fizesse uma reflexão tardia, ela exclamou:

– E... até hoje continuo a sofrer abusos!

Como eu estava ao lado de um jovem policial, fiz um gracejo:

– Senhora, se está sofrendo abusos, aqui está alguém que poderá encontrar esse canalha e apresentá-lo à justiça.

Minha fala foi pensada. Joelene vociferou:

– Prender quem? Meu pai morreu há mais de vinte anos. Por que você... como pode dizer que...

– Senhora, você acabou de declarar, de anunciar ao mundo, que ainda sofre abusos. Eu nunca disse nada a respeito de *seu pai* ainda estar ferindo-a – retruquei.

– Mas – respondeu ela – você não entende! Meu pai me bateu, me bateu bem aqui. – Ela apontou para o próprio rosto. – Lembro-me como se tivesse sido ontem. Depois, disse que eu era estúpida. Estúpida, estúpida, estúpida. Ele abusou de mim. Eu digo que abusou.

Assenti em concordância. Não havia em minha mente nenhuma dúvida de que Joelene havia sido maltratada. Pelo menos daquela vez. Antes que ela reiniciasse o mesmo tiroteio, interceptei sua defesa.

– Diga-me – perguntei em voz calma –, quantas vezes isso aconteceu? Por quanto tempo você continuou a ser maltratada?

Joelene sacudiu a cabeça.

– Não. Ele chegou em casa irritado com alguma coisa; eu estava fazendo bagunça quando não devia e ele me bateu. Abusou de mim. Você ainda não entendeu: ele me bateu bem aqui. – E apontou novamente para o queixo.

A Velha Joelene simplesmente não estava fazendo a conexão óbvia que a pequena multidão reunida à sua volta já havia feito.

– Então, **você faz** terapia... ainda faz terapia – afirmei de maneira deliberada – só porque seu pai perdeu as estribeiras... com você... porque você estava fazendo bagunça... como fazem todas as crianças? E, mais uma vez, preciso que você responda a esta pergunta: diga-me, diga para todos, e, pelo amor de Deus, diga para si mesma... isso aconteceu quantas vezes?

– Eu já lhe disse: uma vez – resmungou ela. – Somente aquela vez.

– Então, ele nunca mais bateu em você? Nem a negligenciou? Nem chegou a tocá-la de forma inapropriada ou fazer alguma coisa inadequada? – perguntei lentamente.

– Não. Não desde aquela vez... – sua voz quase sumiu. – Você não pode imaginar o trauma. Ele me persegue desde então. É por isso que necessito, que devo fazer terapia. Preciso de ajuda. O que você pode dizer para que esqueça isso tudo? *Ajude-me*. Por favor! *Ajude-me*.

"Quanto ao trauma ou ao *drama*?", quis perguntar, mas me calei. Em vez de repreender, inclinei-me para abraçar Joelene, que então estava um pouco emocionada. Dei-lhe um abraço sincero e sussurrei em seu ouvido palavras vitais:

– Que Deus a abençoe, mas trate de crescer.

Tão logo as palavras foram ditas, eu sabia que Joelene, a Rainha do Drama, iria me estapear ou explodir numa cena teatral. Para minha surpresa, ela não o fez. Na verdade, devolveu o abraço acenando a cabeça e dizendo:

– Eu sei, eu sei.

Então coloquei as mãos em seus ombros e perguntei:

– Há quanto tempo você faz terapia?

– Bem mais de trinta anos.

– Trinta? – exclamei. – Com o mesmo terapeuta?

– É claro que não – ela deu de ombros. – Este é o sétimo... não... o oitavo.

– E todas essas sessões têm funcionado para você?

– Bem, é óbvio que não. Uns dois deles disseram que eu me agarro ao meu passado, que sou egoísta e autodestruidora. Que uso meu passado como "álibi" para quase tudo o que me faz sentir medo. Que preciso deixar isso para trás. E é verdade – suspirou Joelene –, um deles até me disse para *crescer.*

– Então faça isso! – concordei meio de brincadeira. – Por que você não começa assumindo o controle e se tornando mais proativa? Outra coisa – emendei, rapidamente. – Se toda essa terapia não está funcionando depois de tantos anos, então você, amiga, **você** precisa fazer alguma coisa diferente. Pare de correr para a terapia por cada pequeno problema e use-a somente para as coisas realmente importantes. E siga em frente. Pelo amor de Deus, tudo o que você basicamente precisa fazer é parar de pedir ajuda o tempo todo aos outros. Fique de pé, dê a descarga, elimine essa pequena quantidade de merda e comece a viver o resto de sua vida.

– Verdade? – perguntou Joelene.

E era exatamente isso que nossa amiga Joelene precisava fazer. Está certo que aquilo era um prato cheio para a Rainha do Drama, mas, se ela pudesse fazer aquele avanço inicial, tudo ficaria mais fácil dali em diante.

A *VERDADEIRA* MENSAGEM

Pode ser que alguns de vocês estejam apontando o dedo para mim, irritados, dizendo: "Dave, você poderia ter sido mais simpático com aquela pobre e perturbada senhora. Não tem vergonha?"

Bobagem!

Discordo. Por favor, entenda que nunca dou aconselhamento de maneira deliberadamente rude ou desatenciosa. Nunca. Porém, vendo exatamente como Joelene se comportava, pelo tom daquilo que afirmava e, mais importante, por *aquilo* que ela não dizia, eu sabia que a última coisa de que ela necessitava – especialmente depois de mais de trinta anos de terapia sem qualquer resultado – era de mais uma camada de "ai de mim".

No mínimo, de alguma forma eu chamei a atenção para a situação que ela havia mantido oculta por todos aqueles anos perdidos. Agora tudo estava às claras. Depois daquilo, diante de alguns amigos e da comunidade, a situação era uma batata quente no colo dela. E, se Deus quisesse, Joelene faria algo a respeito.

AÇÃO NÃO É UMA PALAVRA QUALQUER

Lembre-se, na vida às vezes você só tem uma chance – uma chance para se conectar, uma chance para fazer a diferença em sua vida e, possivelmente, na vida de outras pessoas, uma chance para dizer o que deve ser enfrentado ou para fazer o que deve ser feito. Uma chance. E só uma.

E às vezes você tem de se erguer, reunir coragem e agir diante dos fatos óbvios. Seja para você ou para aqueles que o cercam, a ação poderá ferir um ou dois egos; mas, se você se perguntar honestamente: "Era essa a coisa certa a fazer?", a resposta deverá ser clara como cristal.

E essa não é uma forma de liderança? Liderança de dentro? Pelo menos **eu** acredito que sim.

Mas você, se tiver uma mente inquisitiva, poderá perguntar: "Dave, o exemplo da Joelene não é apenas uma repetição daquele do Velho Joe?"

Eu digo que não. Embora Joe e Joelene possam parecer semelhantes, o problema básico dele era que não enfrentava sua situação, e o de Joelene era que ela usava a terapia como um escudo, uma desculpa para todos os aspectos da sua vida, *em vez* de enfrentar seu passado.

Veja a coisa desta maneira: Joe era doente, mas não ia ao médico. Joelene, por outro lado, corria para o médico por cada coisinha, arranhão ou baque, mas mesmo assim não tomava o remédio dos conselhos que lhe ofereciam!

Uma grande diferença.

Os exemplos são semelhantes? Sim. A mesma atitude patética e oprimida. Pode apostar. Caminhos paralelos, resultados iguais.

Assim Joe e Joelene, até o dia em que reconheçam sua situação, iniciem uma mudança e a levem a cabo, serão almas perdidas. E no atual estágio da vida deles... bem, você não acha isso triste? Anote isso. Guarde no bolso. Tatue na testa se for preciso: **Não vivemos a vida pelo simples desejo de sermos felizes?** Mas a verdadeira mensagem em tudo isso (e rezo para que ela o tenha atingido – caso contrário, quero que preste mais atenção no futuro e releia mais uma vez o exemplo de Joelene) está em uma palavra, **tempo**, o tempo todo. Dias, meses, anos completamente desperdiçados. Todos aqueles milhares de horas de ajuda profissional idos pelo ralo. E tudo por causa de **algo** que, na realidade, é insignificante em comparação com o caso, por exemplo, de uma pessoa de meia-idade que acabou de perder o amor de sua vida, ou um pai, irmão ou, que Deus não permita, seu próprio filho. No caso de Joelene, poderia ela justificar o desperdício de trinta anos da sua vida?

Pense nisso e, por favor, faça **você** a conta. Mesmo com ajuda, a Velha Joelene – que provavelmente tem entre quarenta e quarenta e cinco anos – jogou fora mais anos de vida do que o tempo que durou aquele incidente isolado que, por mais horrível que tenha sido, não passou de dez minutos. Dez minutos de dor, vergonha, medo e qualquer outra coisa que você queira acrescentar. Pode me chamar de insensível, mas, sem nenhum resultado positivo depois de trinta anos de terapia para algo que levou **dez minutos** para acontecer, pergunte-se: "Isso não é uma estupidez?"

Em vez de mamar em profissionais sem fazer um esforço sincero para receber bons conselhos, Joelene poderia ter optado por ser mentora de menininhas expostas à mesma situação, tornar-se uma conselheira ou assistente social ou simplesmente, como qualquer adulto maduro, decidir eliminar aquele lixo.

Ainda acha que sou insensível? Como adulto, tente justificar todo o tempo que Joelene teve, comparado com o de uma criança presa a um leito de hospital lutando pela vida. Ou chore pelo trauma de Joelene comparado com o de um sujeito médio que criou uma família, trabalhou duro a vida toda, obedeceu as regras, ajudou outras pessoas na comunidade e então, a poucos dias de se aposentar, descobriu que tem menos de seis meses de vida. Pense nos bebês doentes que nunca tiveram a chance de experimentar os prazeres da vida, ou nos homens e mulheres corajosos cujas vidas são ceifadas como baixas de guerra. Ou numa pessoa que morre na ambulância a caminho do hospital.

Imagine o que toda essa gente poderia ter realizado se tivesse tido aqueles trinta anos.

Isso dá à palavra *tempo* uma perspectiva diferente, não é?

Aqui está outra frase que quero que você guarde no bolso, a respeito do conceito de vida, ou aquilo que chamo de "gerenciamento de vida": **ocupe-se vivendo ou ocupe-se morrendo.**

Pergunta: será que uma pessoa requer de fato tanta ajuda profissional para eliminar todo esse lixo do seu sistema? É claro que não. Pergunta histórica: com tanta ansiedade e tanto desespero, como as pessoas sobreviveram à Grande Depressão dos anos 1930, só para cair da cama num domingo de manhã, o "dia da infâmia", em dezembro de 1941? Como aqueles que não foram para a guerra, particularmente as mulheres, entraram para a força de trabalho para produzir os armamentos altamente necessários ao mesmo tempo em que criavam os filhos? Como realizavam as tarefas diárias da vida enquanto estavam sob um severo racionamento de carne, produtos derivados da borracha, açúcar e uma extensa lista de itens essenciais básicos? Como fizeram as mulheres, com seus maridos, namorados ou filhos combatendo no exterior, para seguir em frente sob condições tão desfavoráveis? Como conseguiram elas manter o país em funcionamento? Como foi que todas aquelas pessoas, centenas de milhares delas, não se tornaram violentas ou se esfacelaram sob aquela imensa e constante pressão?

Elas foram em frente, pode acreditar, sem a ajuda de Ritalin, Prozac, Percodam, Valium ou qualquer outro modificador psicotrópico do humor. Elas o fizeram sem os conselhos ou as verificações de bom senso de Montel Williams, da doutora Laura, do doutor Phil ou da poderosa e influente senhora Winfrey, para não falar nos psiquiatras locais das pequenas cidades americanas. Não quero parecer sarcástico, mas, em comparação com a Velha Joelene, que buscou terapia por mais de trinta anos sem nenhum progresso, quanto consolo iria exigir a "Maior Geração de Todas" (a geração que combateu na Segunda Guerra Mundial)?

PODEMOS CONVERSAR?

Então, como aqueles milhões de boas pessoas superaram tudo aquilo? Um: elas aceitaram seu destino. Não desistiram. Por mais que tudo fosse injusto, miserável e cansativo, elas resistiram. E, acima de tudo, nada conseguiu lhes roubar o melhor de si mesmas. Elas superaram os obstáculos. Dois: para se livrarem de toda aquela pressão, elas se expurgaram. Vomitaram tudo. Esvaziaram a si mesmas. Voltaram as torneiras de emoções para os amigos, vizinhos, parentes, colegas de trabalho, para os grupos religiosos e outros grupos sociais. Elas se reuniam no alpendre, conversavam durante o café, ficavam batendo papo até tarde.

Elas reclamavam, amaldiçoavam e choravam. Às vezes, riam às gargalhadas. Rezavam. Revelavam histórias pessoais a respeito de como eram afetadas por XYZ e, mais que tudo, se abriam a respeito de como se **sentiam**, expunham seus verdadeiros sentimentos.

Elas o faziam sabendo muito bem que não podiam mudar o passado. Faziam compreendendo que ele teria pouco ou nenhum efeito sobre sua atual situação. Mas, pelo menos, sentiam-se melhor. E aquele fragmento de *esperança* era suficiente para que seguissem em frente. Assim, no dia seguinte, no evento seguinte ou na próxima vez em que inspiravam ar para dentro dos pulmões, elas podiam continuar a lutar do lado certo.

Elas sabiam muito bem que no dia seguinte teriam de se levantar, executar suas tarefas e viver suas vidas, pensando ao mesmo tempo em quais desafios Deus ainda guardava para elas.

Será que isso descreve o que a maioria dos dependentes de

militares americanos está enfrentando neste momento? Sem falar no que enfrentam os milhares de policiais, bombeiros e suas famílias, além de outros como eles que servem os outros todos os dias de forma altruísta por toda a nação – e pelo mundo afora? Para mim, *esta* é a essência da vida: aceitar a situação como ela realmente é e realizar o que precisa ser feito para avançar pelo bem maior de todos, independentemente do custo ou sacrifício.

Quando se trata de assumir uma posição, desistir de si mesmo, da sua causa ou das suas crenças *não é* uma opção.

Tempo para grandeza

Em parte pelo fato de vivermos na era pós-11 de Setembro, como sociedade ao menos "Apoiamos as Tropas" – em nossas preces, com adesivos amarelos nos SUVs ou agradecendo aos nossos combatentes. Qualquer que seja nossa inclinação política, uma explosão de emoções nos invade quando estamos diante da grandeza. Contudo, aqueles soldados *não estão* fazendo nada de diferente! Nada mesmo. Têm levado consigo a mesma intensidade, o mesmo sacrifício, o mesmo código de honra desde o dia em que ergueram a mão em solene juramento "para defender este país contra todos os inimigos". Somente **agora**, devido a eventos devastadores e trágicos, a luz do reconhecimento brilhou sobre eles. O pêndulo do louvor balançou em sua direção.

Por mais difícil que me seja dizer isso, devo fazê-lo: como americanos, algumas vezes somos extrema e estupidamente hipócritas quando julgamos os outros antes de examinar bem as nossas próprias falhas. Nós vemos, mas mesmo assim fugimos da realidade na vã esperança de que "isso não vai acontecer aqui" ou "isso não irá me afetar". Com as mãos estendidas, pedimos que os outros nos salvem **agora**, para depois, com arrogância, dar-lhes as costas quando estamos seguros e não mais precisamos da assistência deles.

Aprenda a fazer melhor, viver melhor e liderar melhor com os exemplos. Tudo em nome da causa, para não cometer os mesmos erros que levaram a tantas tragédias, dores e perdas desnecessárias.

Por exemplo: talvez em função de como esta nação maltratou nossos veteranos do Vietnã, que combateram corajosamente em uma guerra impopular, nós amadurecemos, compreendemos e aceitamos o quanto é vital respeitar aqueles que se superaram. Como sociedade, mudamos nosso comportamento em consequência dos erros do passado, da mesma forma como precisamos fazer em nossa vida como indivíduos.

Como disse certa vez Edmund Burke, filósofo político do século XVIII: "A única coisa necessária para o triunfo do mal é os homens bons não fazerem nada".

Estou me fazendo entender?

E a abertura é a chave. Expressar seus sentimentos, a quem quer que seja – *isso* o ajudará a libertar-se.

Posso lhe contar um segredo? A menos que uma horrível tragédia tenha lhe acontecido, você provavelmente não precisará de tanta terapia. Certamente não por 30 anos.

Este é o trato: acredite se quiser, aprendi que as pessoas, em sua maioria, superam seu desespero depois que o revelam a quem está à sua volta – família, amigos, vizinhos e colegas de trabalho –, e não a um terapeuta profissional.

Quando você pensa no assunto, vê que é apenas uma questão de bom senso. Uma pessoa pode demorar no mínimo três, quatro ou cinco sessões iniciais apenas para entrar na rotina de revelar detalhes íntimos, para não mencionar a formação de um elo de confiança com alguém que na realidade ela não conhece e em quem **não confia**.

Ei, se a terapia funciona, então vá em frente. Mas as pessoas que o conhecem melhor (apesar de às vezes discordarem de você e poderem ser muito mais perspicazes quanto a colocá-lo em seu lugar, sendo sinceras a respeito de algumas coisas que você faz e que não quer ouvir) não são na verdade as que irão endireitá-lo, em parte devido ao elo crucial de confiança?

Pense nisso.

Caso não funcione para você, aqui está um caminho diferente

para ser proativo revelando problemas sem a necessidade de orientação profissional: você já foi a uma festa ou evento do dia-a-dia, encontrou alguém que não conhecia muito bem e, por alguma razão, simplesmente se abriu? Por alguma razão, você mandou a cautela às favas? Você se surpreendeu e ficou pensando: "Ei, o que está acontecendo? Nunca mais verei essa pessoa". Então, enquanto corria um risco baixando sua guarda, você descobriu algumas respostas para seus problemas? No mínimo, pode ser que você acabe com um pouco menos de peso sobre os ombros.

A verdade é que todos nós já fizemos isso.

Minha opinião é: seja escrevendo uma carta de vinte páginas que depois você irá atirar ao fogo, seja gritando com seu travesseiro em casa, ou ainda conversando com o ente amado ou com outras pessoas que conhece, é preciso pôr tudo para fora. Se for necessário, consiga ajuda profissional para as situações sérias e aja de acordo com os conselhos recebidos. Mas faça alguma coisa!

Aja agora. Não há motivo para esperar, porque você provavelmente já hesitou o suficiente, e para onde isso o levou?

Se aquilo que está fazendo não está dando certo para você, então seja adulto para enfrentar os fatos e assuma o compromisso de realizar algo diferente.

É quando você reconhece o problema, entra em ação e **põe para fora todo aquele lixo** que a mudança de fato começa. Então, caro amigo, quando você estiver menos sobrecarregado **e** ainda assim *lidando* com seu passado, será capaz de questionar, se inspirar **e** fazer uma mudança substancial dentro de si mesmo e daqueles a quem ama. Então estará pronto e será responsável o bastante para liderar.

MINHA PERSPECTIVA PESSOAL

Obter uma boa ajuda

Quando eu era criança, na vida que eu levava, tudo o que eu vivia era *normal* – acordar antes de o sol raiar (sem saber que horas eram), dobrar minha cama portátil na garagem escura, executar tarefas domésticas na garagem, depois outras na casa, correr para a escola, surrupiar comida de baldes e latas de lixo, ser importunado e ridicularizado pelos colegas, correr de volta para meu "lar", executar mais tarefas, esperar embaixo da escada do porão (onde tentava dar um cochilo) e ser convocado para as tarefas domésticas finais. Entremeado pelo ritmo febril do meu dia havia aquilo que minha mãe chamava de "tempo de atenção".

Minha cabeça estava sempre em "modo de combate", sempre alerta, sempre analisando o próximo movimento de minha mãe ou novas maneiras de conseguir comida.

Transformei-me em grande parte em um *cyborg* – por dentro meu cérebro corria a velocidades supersônicas, enquanto externamente fazia o possível para não demonstrar emoção nenhuma. Levei anos, mas finalmente aprendi a me mostrar.

Eu não tinha ideia de como minha vida era insana. Quando minha guarda foi tirada pelo Estado aos doze anos, eu não tinha ideia do que fazer. Abrir-me era a última coisa em que pensava.

Poucas semanas depois de ser encaminhado para meu primeiro lar adotivo permanente, eu me encontrava sozinho e em pé no centro de uma sala escura. Tinham dito que eu veria alguém que iria fazer com que eu me sentisse melhor "em minha cabeça". Contudo, depois de esperar o que parecia uma eternidade, o pânico começou a se instalar. De repente, surgiu diante de mim uma luz, quase me matando de susto.

"Vejo que você tem medo do escuro", disse o bom médico, rabiscando anotações num bloco.

Um bom começo. Mais tarde naquele dia, segurei a vergonha de me sentir um tolo até explodir com minha mãe adotiva, amorosa mas espantada. Se eu já me sentia suficientemente sujo a respeito do meu passado, agora me sentia ainda mais sujo.

Levou algum tempo, mas por fim meu assistente social e meus pais adotivos encontraram um profissional sincero e atencioso com quem eu pudesse me abrir. Como tudo na vida, foi um processo. A questão era confiança. No início eu resmungava algumas palavras, medindo o tempo para não revelar demais. Pensava que estava sendo esperto me mantendo discreto. O Doutor, como passei a chamá-lo, entendeu minha artimanha juvenil e foi paciente, dando conselhos.

Aconteceu de forma inesperada durante uma sessão. Depois de ser gentilmente provocado, vomitei abruptamente anos de sentimentos reprimidos, descrevendo confusões de paralisar a mente e situações degradantes. Eu havia sido tão controlado, tão aterrorizado, que certa vez, ao receber a ordem de ingerir cocô de cachorro com vermes, não hesitei em fazê-lo, apesar de minha mãe não poder me ver do sofá onde estava. Eu sabia que poderia ter jogado aquilo na pia, mas depois de anos de dominação eu não ousava fazê-lo.

Abri-me ainda mais na sessão seguinte, contando ao Doutor o quanto me sentia ansioso toda vez que minha mãe abria a porta do porão onde, como havia sido treinado, eu ficava sentado sobre as mãos com a cabeça inclinada para trás. "Se sabe o que é melhor para você, trate de subir as escadas agora!", gritava ela. Eu não fazia ideia de como aquelas palavras me deixaram enraivecido naquela visita em particular. Sem pensar, sem querer, eu imitava a expressão irada e a voz nauseante de minha torturadora.

A cada sessão cavávamos mais e mais fundo. Depois de cada sessão, eu me sentia derrotado. Sentia-me exposto. Ia para casa mentalmente exausto.

Foi preciso muito trabalho e muito estímulo de autoestima para que eu aceitasse o fato de que *não era* um demônio. Que a

| 53 |

culpa não era só minha. Que minha mãe estava errada. Que meu pai passivo permitia que os eventos acontecessem. Que aquilo que havia acontecido era errado e nunca deveria ter acontecido.

Descobri muito a meu próprio respeito. Que tinha valor, não era sujo, que era forte. Que tinha resistido e feito o melhor que podia dadas as circunstâncias. Que meu passado não tinha necessariamente que dominar meu futuro.

Que, para o bem ou o mal, eu podia controlar o resultado de cada situação que enfrentasse. E o elemento singular que me assustava até o âmago era que meu destino não precisaria ser em nada parecido com o de minha mãe.

Foi preciso muito esforço para que eu me abrisse e confiasse no Doutor, mas à medida que amadureci passei a ver as coisas de outra maneira. Externamente, minha autoestima estava muito baixa, em especial quando se tratava de me encaixar em elementos sociais do mundo real. Mas por dentro eu continuava a progredir.

Eu certamente não tinha saído da floresta, mas o fato de me expor e aceitar os conselhos recebidos ajudou-me claramente a não ser mais incapaz de distinguir a floresta das árvores – e a me sentir melhor.

SUA PERSPECTIVA PESSOAL
Melhor para você, menos para carregar

• Você tem dificuldades em se abrir e expor todas as suas camadas? Em caso positivo, por quê? O que está escondendo *ou* tentando proteger?

• Você se sente mais protegido, talvez menos vulnerável, se permanece em seu casulo psicológico?

• Para você é difícil ouvir críticas construtivas, em especial daqueles que o conhecem melhor? Por que acha que isso acontece? Você automaticamente os considera equivocados? Ou tem medo de que possam estar certos, que você não esteja à altura devido a alguma coisa do seu passado?

• Sua vida é dominada por um drama que seria considerado insignificante pela maioria das pessoas?

• Em vez de enfrentar as provações da vida, você se vê recorrendo automaticamente a outras pessoas?

• O que você tem a perder se se abrir e puser para fora, de uma vez por todas, seus medos e demônios?

• Existe, em sua mente e seu coração, alguma dúvida a respeito de que você merece ser feliz?

CAPÍTULO TRÊS

VOCÊ PRECISA ACREDITAR

Sua autoestima é tudo!

Sei que você sabe disso. Mas *a forma como* você se sente a seu próprio respeito literalmente afeta todos – isso mesmo, *todos* – os aspectos da sua vida. Daquilo que dizemos a nós mesmos ao sair da cama antes de nos olhar no espelho até aquilo que vestimos para trabalhar, da forma como lidamos com os altos e baixos no decorrer do dia à maneira como agimos em relação aos nossos pares, amigos, à nossa família e às pessoas mais íntimas, nosso respeito nos acompanha em cada passo que damos.

Sua autoestima, que para alguns pode mudar conforme as batidas do coração, é revelada pela forma como você se apresenta: queixo alto e otimista, olhos sorridentes, ou evitando qualquer contato enquanto arrasta os pés como se estivesse carregando todo o peso do mundo sobre ombros caídos e sobrecarregados.

A maneira como você se sente a seu próprio respeito é revelada não só por cada palavra que sai de sua boca mas, mais importante, por seu tom e inflexão de voz, não importando quão insignificantes esses sinais possam ter parecido na ocasião. O que você diz em voz alta não só é ouvido e julgado pelos outros, mas aqueles comentários frios e injuriosos que flutuam em torno da sua cabeça podem acabar corroendo *seu coração*.

Seu autorrespeito reflete qualquer preconceito que você abrigue contra os outros, bem como contra você. Ele dita como e por que você se limita quando se trata de tentar ou mesmo sonhar realizar aquilo que você deseja – das tarefas do dia-a-dia a realizações extraordinárias. Sua autoestima é sua ferramenta, sua arma, que determina como você enfrenta os desafios de sua vida ou foge deles.

Pense nisso.

As pessoas com pouca ou nenhuma autoestima não têm paixão. E quem não tem paixão tem uma vida vazia, porque na vida **paixão é tudo**.

Qual é então o nível da sua autoestima? Como está sua paixão?

Se você parar e fizer um inventário profundo e sério de sua vida, levando em conta todas as suas decisões vitais associadas à sua atitude geral, é muito provável que a soma seja diretamente igual à sua autoestima.

Outro detalhe que quero que você considere: **Se você não acredita em si mesmo, em nome de Deus, em que acredita?**

Sei perfeitamente que às vezes a vida pode ser uma batalha contínua morro acima, com ventos de furacão batendo em seu rosto. E pode parecer que, quanto mais você se esforça, mais exausto fica, mas mesmo assim você resiste e não perde terreno. Se você é assim, que Deus o abençoe por tentar. Deus o ama por não desistir. Ele o adora por acreditar na sua causa! Como você sabe, cada um de nós, cada pessoa nesta bola de gude chamada Terra, uma vez ou outra precisou esconder seu aparentemente traiçoeiro amontoado de problemas para sobreviver.

Mas, se as pessoas não acreditam, elas nem mesmo irão tentar. Se não tentarem, nunca poderão usufruir dessa fonte interior de força. Com isso, sua vida se tornará estagnada. Elas não conseguirão prosseguir, ou pior, perderão terreno. Escorregarão. Cairão. E, para quem cai repetidamente, a vida se torna um deslizamento contínuo encosta abaixo até o fundo do poço. Algumas das que caem nesse buraco podem até nem desejar subir de volta.

E parte disso se deve ao fato de *elas carecerem de coragem para acreditar!* Seja em si mesmas ou na sua causa, elas perderam a confiança.

E há aquelas pessoas que suportaram mais do que sua cota de problemas e tristezas. Elas tiveram de escalar o Everest vezes sem fim. Sofreram tanto que é quase inacreditável, se não totalmente horroroso. Essas pessoas foram oprimidas tanto e por tanto tempo, e foram chutadas com tanta intensidade, que já nem sabem mais de qual direção estão sendo atacadas. Isso não é justo. É desagradável demais, isso sim. Porém, mais uma vez, Deus as ama por persistirem.

Por que isso?

O Grande "O"

Numa palavra: Otimismo! Uma crença profunda de que as coisas podem melhorar. Que elas devem e irão melhorar. Que, como indivíduos, devemos e iremos superar tudo. Que não importando a dor, a humilhação, o sacrifício ou o tempo que levará, **iremos prevalecer!** Quer seja resistindo à opressão racial e anunciando, a dezenas de milhares de pessoas no National Mall em Washington, para que o mundo inteiro ouça, "Eu tenho um sonho!" ou por meio de canções medíocres que se transformam em hino pessoal para lhe dar um impulso quando você está deprimido, como "I Will Survive", ou levando uma surra inimaginável como Rocky Balboa, o Garanhão Italiano, que com os dois olhos fechados de tão inchados e um rosto que parecia feito de carne crua, sabendo muito bem que perdera a luta, ainda permanecia em pé para dar tudo de si no próximo assalto. Ou que tal a história real de J.K. Rowling, a surpreendente autora da série Harry Potter, que algumas vezes não só dormia em seu carro, mas também passava horas com uma única caneca de café enquanto trabalhava febrilmente naquele manuscrito chamado por alguns de "estranho"?

Uau! O-t-i-m-i-s-m-o! O impressionante e incontestável poder de realização!

Em qualquer momento da sua vida, mesmo que tenha sido por uma fração de segundos, os exemplos acima o fizeram lembrar-se de algo que já tenha passado? Algo que o represente e com o qual você pode ter perdido contato? Talvez uma carga pesada que a vida lhe reservou, mas em vez de permitir que ela o esmagasse, fez com que intensificasse ainda mais suas paixões, seus sonhos? Você se identificou em algum momento? Essa pessoa é – ou era – *você*?

Você já notou que aqueles que resistiram, que forçaram os limites, que se aferraram às suas crenças centrais, como as pessoas anteriormente citadas, prosseguiram numa direção mais produtiva, superior e positiva quando comparados com aqueles sujeitos que podem não ter enfrentado nada de extraordinário mas mesmo assim se renderam e perderam toda a esperança?

E quanto aos bons sujeitos que tentaram e não conseguiram atingir uma única meta, aquele sonho dourado, no íntimo sabem que fizeram uma tentativa. Que se superaram e aproveitaram aquela oportunidade única. E existe satisfação e honra imensas nisso.

Você não acha que, no mínimo, essas pessoas estão satisfeitas? Que estão felizes? Que estão gratificadas com tudo que foram capazes de realizar na jornada de suas vidas e com o caminho que escolheram?

Bem, eu digo que um pouco de desafio, um certo dilema, um ou dois grandes obstáculos, não são de tudo ruins. E enfrentar situações difíceis certamente não é o fim do mundo. Enquanto manter a atitude de que *você irá prevalecer*, você estará muito bem.

É por isso que inúmeros médicos e psicólogos dizem que um pouco de estresse na verdade é saudável. Que superar "eventos" infelizes pode levar a uma experiência positiva e saudável. Assim, em vez de se sentir inferior, infeliz ou insatisfeito, quero que comece a pensar, a construir seu sistema imunológico "emocional".

Pense desta maneira: *Aquilo que não o mata só pode torná-lo mais forte.*

Mais uma vez, sua autoestima é você quem faz. Ela depende de você! Tudo que você precisa fazer é acreditar em si. É isso aí! Apenas acredite na possibilidade da possibilidade. Molde seus pensamentos, suas atitudes e ações como uma parte proativa da sua rotina diária.

SUFICIENTE PARA QUE VOCÊ PASSE

Por mais estranho que possa parecer, esta é realmente uma psicologia facilmente adaptável. Não se trata de uma cirurgia cerebral. Se você está enfrentando dificuldades, uma situação desafiadora, quero que se lembre de três coisas: 1. Não se sinta devastado; 2. Faça o que puder, o tanto que puder; e 3. Mantenha seu foco no **agora**.

Não se preocupe nem se estresse a respeito das horas seguintes. Esqueça o amanhã e nem pense no dia depois dele, para não falar das próximas semanas. Apenas remova todo esse estresse indevido e desnecessário, a preocupação inútil – todo aquele lixo – fora da sua cabeça e elimine-o. Encontre algo que o faça sentir-se seguro, que o proteja e o ajude a superar a situação. A lista é limitada somente pelo escopo da sua atitude positiva. Para mim, é aquela primeira xícara de café pela manhã, é sentar lá fora depois de um longo dia de trabalho, ou uma oração rápida que permita que eu me expresse e, mais que isso, me ofereça um alívio reconfortante.

E como você está executando sua rotina reconfortante e está sendo proativo, mantenha uma boa atitude. Continue a dizer para si: "Posso fazer isto. Posso superar isto".

Talvez ajude se você enxergar sua autoestima desta maneira: Alguma vez já se envolveu num acidente de carro? Então pense naquele estranho, talvez um bombeiro ou um paramédico, que chega e lhe diz: "Tudo certo. Você ficará bem. Tudo vai dar certo". E mesmo que sua mente comece a sair de órbita com pensamentos como "Meu Deus, meu carro está destruído. Como irei trabalhar, comprar alimentos, quem irá apanhar as crianças na escola?", aquele simples gesto de sinceridade o acalma, faz com que supere a situação, ao menos *naquele* momento. E à medida que os segundos passam, que você começa a sentir-se melhor, mais seguro, sua crença se fortalece. E isso, meu amigo, é o que o ajuda a se recuperar.

Sei que isto irá parecer um pouco inadequado, mas quando você se vê encurralado e sente as paredes se fechando à sua volta e começa a pensar que não irá conseguir, quero que declare em voz alta – não dentro da sua cabeça já desordenada e frenética, mas dizendo – em um tom convincente e direto, cinco palavras simples: "Tudo vai dar certo". Ponha para fora. Respire fundo, mantenha sua atitude e diga: "Tudo vai ficar bem. Posso fazê-lo!"

A BASE DA AUTOESTIMA
Existe um grande número de pessoas – em especial de meia-idade – que, por se sentirem derrotadas pela má sorte ou por tempos difíceis, acham que não têm autoestima. Elas acreditam ou se forçam a acreditar, através de sua própria lavagem cerebral (embora se recusem a admiti-lo), que não têm valor. Em certo sentido, elas programam ou contaminam suas próprias mentes e, depois de algum tempo, como no caso da Velha Joelene, esse comportamento defensivo se torna automático. Elas acreditam que algo ou alguém lhes roubou *alguma coisa*. Que são forçadas a se arrastar pela vida com a atitude de que nunca, nunca conseguirão ter sucesso.

Será?

Mais uma vez, não sou o doutor Spock, nem o doutor Phil, o doutor Thrill ou a doutora Aura, mas não acredito totalmente nisso. Como **poderiam** *ou por que* **deveriam** elas fazer o esforço para se levantar da cama pela manhã **na sua solidão**, *a menos que* tivessem a intenção de realizar alguma coisa? Elas precisam acreditar no resultado, que podem obtê-lo, antes do processo e durante ele. Elas acreditam que são capazes. Sabem que será preciso pensar, despender alguma energia, algum sacrifício e bom senso, além de determinação todos os dias para realizar aquilo que desejam!

Captou a ideia?

A-há! Fiz você pensar?

É por isso que não creio no conceito de uma pessoa não ter absolutamente "nenhuma autoestima". Baixa sim, mas nenhuma? Não acredito.

E uma vez ou outra cada um de nós já se sentiu menos que lixo. Mas tirar proveito de experiências da vida real, aprendendo com elas e adaptando-as, não nos ajuda a vencer qualquer luta que enfrentamos? A experiência não nos torna um pouco mais fortes ou sábios ou, no mínimo, nos oferecem alguma base sobre a qual podemos construir?

É o que deve acontecer.

Pergunta: Quando criança você não aprendeu a andar, a alimentar-se sem babador ou a usar o controle remoto da tevê para encontrar seus desenhos favoritos? Quando estava na escola, não sentiu angústia antes de concluir uma lição de casa? Nunca teve que recitar um poema na classe? Não competiu ou praticou esportes? Como jovem adulto, não foi aprovado no exame para tirar a carteira de habilitação ou candidatou-se a um emprego e foi entrevistado para a posição? Como você fez isso? O que o fez fazer? Quando veio a necessidade, o que o levou a fazer tudo isso?

E então?

Se você pode executar a função cotidiana de andar a qualquer momento para qualquer lugar, quase sem pensar nos milhares de impulsos transmitidos por seu cérebro, sinalizando comandos precisos para o resto do seu corpo realizar a tarefa – bem, em poucas palavras, meu amigo, você tem autoestima.

Autoestima é ter fé em que **você** confia, aceita e compreende o resultado antes do processo e durante ele, não importando o quanto a situação possa ser grande e insuperável ou pequena e aparentemente insignificante.

Não me interessa se seu autovalor é tão pequeno quanto um grão de mostarda: como diz a Bíblia, você pode mover montanhas. Veja desta maneira: é uma coisa a partir da qual se extrai e se cresce. Uma estrutura sobre a qual se pode construir.

Mais uma vez, não se trata de cirurgia no cérebro nem de ciência de foguetes, mas sim do bom senso de ter aquilo que é necessário para conseguir sucesso. E há um segredo – na verdade, este é *o segredo*: descobri que é durante aqueles tempos sombrios, aqueles incidentes que o derrubam, quando parece não haver saída nem luz no fim do túnel, que um simples pensamento pode não só criar raízes e florescer, mas também empurrá-lo até o outro lado. *E tudo que você tem de fazer é acreditar.*

DO SEU PASSADO

Algumas vezes você pode apenas ter de voltar e reclamar seu valor próprio. Talvez tenha de cavar fundo – e eu digo muito fundo – dentro de si mesmo, por si mesmo, para recuperar aquilo que um dia perdeu.

E se você tem de fazê-lo, e daí? Grande coisa. Vale a pena. Se deu certo uma vez (em especial se você adquiriu parte daquela coragem quando estava se desenvolvendo), ou em um dos piores e mais trágicos períodos de sua vida, então dará certo de novo. Concorda?

Descubra aquele poço para explorar de novo. E de novo e de novo, até que (por mais estranho que pareça) **você** se sinta à vontade adquirindo o hábito de fazer contato para reclamar seu potencial para poder seguir em frente.

Em outras palavras, quero que você volte e reclame *seu charme*.

NÃO POR ACASO

Por mais desafiador que possa parecer no início, cavocar o seu lixo pode ser uma coisa que irá ajudá-lo a galgar as escadarias da construção da sua autoestima, a qual por sua vez ajuda a atingir a grandeza. Sua grandeza. Esta não é adquirida por acaso, e trabalhar por ela certamente não é fácil. Nunca foi nem nunca será. E dentro da grandeza sempre existe uma causa e esforço. Existe trabalho, dor e sacrifício. Muito. Mas o centro da causa, o elemento singular, o fator crítico, é a crença no empreendimento em si. E você, meu amigo, está nesse centro.

Sem crença, não há causa. Nem cruzada. Nem ação. Nem mudança. Não há nada, exceto uma vida inerte e inativa. Com crença, existe pelo menos uma convicção, um lampejo de esperança, uma paixão. Alguma coisa pela qual se esforçar. Alguma coisa pela qual você se levanta de manhã e enfrenta o mundo, algo ao qual você se agarra e que o mantém de pé. Dinastias foram construídas e atrocidades se esfarelaram devido somente ao elemento da crença. Mudanças dentro de uma pessoa, de uma sociedade ou de uma democracia começaram com nada mais que um fio da ideia *da* possibilidade, uma possibilidade.

Não estou pregando que você saia e conquiste o monte Everest, corra a maratona de Boston ou descubra a cura para o câncer. Claro que não. Mas quero que acredite em si mesmo, numa causa, qualquer causa. Apenas acredite. Faça alguma coisa, qualquer que seja; seja entrar naquele curso noturno, deixar de tomar um refrigerante e caminhar em torno do quarteirão ou guardar uns trocados de vez em quando num jarro até ele estar cheio e você ter dinheiro suficiente para comprar algo – você captou a ideia. A questão é: todas as realizações, grandes ou pequenas, têm origem na crença no ato em si.

E eu sei que você quer uma vida melhor. Que realmente acredita em se aperfeiçoar. Não é verdade? Talvez você tenha sido negligente a esse respeito. Talvez não tenha se desafiado o suficiente. Talvez tenha perdido sua autoestima. Repetindo uma coisa que quero que você aplique como seu mantra, *Se aquilo que está fazendo não está funcionando para você, não acha que deveria fazer alguma coisa diferente?*

Creio que você deve ser feliz e realizar tudo aquilo que deseja. Pelo amor de Deus, diga para mim, diga para si mesmo depois de ler um número razoável de páginas deste livro. Você não quer mudar? Não acredita que pode melhorar? *Então, não acredita?*

Mas você pode se iludir. Pode fazer uma varredura deste livro e uma leitura rápida dos parágrafos. Sei que seu tempo é valioso. Você não chegaria tão longe a menos que tivesse aquela centelha, aquela crença verdadeira em fazer tudo melhor.

Deixe que os outros corram por aí em busca daquele milagre que cura tudo, aquela *coisa* moderna e segura que lhes dá uma superforça para que realizem tudo, seja lá o que for. Quero que você mantenha os pés no chão. Recupere sua visão e permaneça focado nos pequenos tijolos da autoestima. Pense neles como as pedras de uma pirâmide, cada uma ajudando a construir a base para o nível seguinte. Em pouco tempo sua autoestima irá se tornar tão grande e duradoura quanto as grandes pirâmides do Egito, as quais resistiram às areias do tempo por milhares – sim, milhares – de anos.

Pense a esse respeito.

Sei que é tentador seguir a multidão. Ser atraído para dentro dela. Querer entrar na onda depois de ver tarde da noite na tevê todos aqueles testemunhos inspiradores, exageradamente emocionais e sinceros, ou ficar de olhos arregalados diante do mais recente tabloide de caixa de supermercado que afirma que um produto é "novo e melhorado". O que exatamente quer dizer isso? Como uma coisa pode ser nova e já melhorada? Ela não teria de existir antes para ser "melhorada"? Isso não a tornaria, bem, "não nova"? O que me força a ponderar que talvez a eficácia do item não seja tão comprovada assim. Pelo menos ainda não. Mais uma vez, um pouco de bom senso pode ajudar muito. Você acredita realmente que a dieta de "comer todas as massas que quiser, sorvete e calda de chocolate dez vezes por dia, **sem** fazer exercícios" irá mantê-lo em boa forma e magro? Vamos lá! E no início desses programas você está pensando consigo: "De jeito nenhum! Isso é ridículo. É tolice. É bom demais para ser..." Mas, quanto mais você assiste ao testemunho, quanto mais lê, maior será a probabilidade de que você comece a pensar: "Ei, se essas pessoas estão tão satisfeitas, se estão tão animadas com isso, se posso ver com meus próprios olhos – cara, pode ser que dê certo! Será muito bom. Isso vai funcionar para mim!"

Mas a fria realidade é que nesses infomerciais a maioria dos depoentes é composta de atores. Aquelas fotos que revelam o "antes" e o "depois" usualmente são alteradas. Se aquela "coisa revolucionária" fosse de fato um grande avanço, não estaria nas manchetes de todos os jornais ou não seria a história principal nas redes noticiosas nacionais? E, embora algumas – repito, *algumas* – daquelas alegações possam ser verdadeiras, o superproduto pode funcionar para somente um pequeno número de pessoas que receberam *assistência* especial, se é que você me entende. Neste estágio da sua vida, você se sente seguro deixando tanta cautela de lado? Não será melhor apenas ficar em pé por si mesmo, sabendo muito bem o que você é, de fato, capaz de realizar?

Novo *e* melhorado – bobagem!

Como adulto, relaxe um pouco e *reaprenda* a confiar em si mesmo – pouco a pouco, dia a dia, tijolo a tijolo. Nada dessa besteira de "novo e melhorado". Nada de realces brilhantes, apenas a vida real. Sua vida. Confie em você. Trace aquela estrada. Construa aquela ponte sobre águas turbulentas. Neste momento, a melhor coisa que você pode fazer para si mesmo é ater-se àquilo que funciona para você! Por mais desafiador que seja, pelo menos funciona para você. Ao menos você tem o conhecimento, a confiança interior para escolher, para viver seu próprio resultado.

E, numa única palavra, *isso* é autoestima.

MINHA PERSPECTIVA PESSOAL

Perseverança

– Qual é o seu problema, garoto? O que há a respeito da palavra *não*, a mais singular de nosso idioma, que você não consegue compreender? Sopra ar nos moinhos da sua mente, garoto? – gritou para mim o recrutador da força aérea.

Tudo o que pude fazer foi encolher os ombros enquanto olhava para meus tênis sujos. Apesar das palavras do sargento parecerem duras, elas não tiveram nenhum efeito sobre mim. Eu sabia que ele estava exagerando, que não estava irritado, mas simplesmente desempenhando um papel. Além disso, disse a mim mesmo, eu já tinha ouvido coisas muito piores de minha mãe. Parte de mim quase sorriu. "Isso é *tudo* o que você tem?"

– Não existe nenhuma maneira, nenhuma maneira neste majestoso mundo verde de Deus, pela qual um sujeito que largou os estudos, gago e com medo da própria sombra possa servir na minha Força Aérea dos Estados Unidos. Isso não irá acontecer. Nunca. Está me entendendo? Estou sendo claro?

Tudo o que pude fazer foi concordar, envergonhado, mas rindo por dentro.

Quase seis meses depois, após ter comparecido quase todos os dias, chovesse ou fizesse sol, depois que saltei através de todos os aros concebíveis e escalei todos os obstáculos, o mesmo sargento apertou minha mão com genuíno orgulho ao entregar minha papelada final antes de eu fazer o juramento de alistamento.

Assustado como eu estava, entrando para um bravo novo mundo, no fundo de mim havia poucas dúvidas de que iria realizar meu sonho de viver uma nova e brava vida.

Para mim, tudo sempre foi desse jeito. Sempre.

Eu havia ouvido a palavra *não* milhões de vezes. Tinha sentido a magnitude de golpes maldosos e detestáveis a minha vida inteira – que não era suficientemente bom, que nunca conseguiria nada, que era estúpido, um perdedor, você pode imaginar. E devo admitir que havia vezes (muitas) em que as palavras, o tom de voz, a altura dos sons faziam com que eu me encolhesse de medo e explodisse num rio de lágrimas ou quisesse fugir correndo em qualquer direção. Especialmente quando se tratava de minha posição social como adolescente. Minha aparência era deplorável: cabelos louros despenteados cobriam meus olhos nervosos e inquietos. Dezenas de espinhas pipocavam por todo o meu rosto gorduroso. Qualquer um podia identificar a um quilômetro de distância minhas roupas descombinadas e gastas. E, para coroar tudo, raramente eu olhava as pessoas nos olhos quando tentava falar com elas, gaguejando como um caipira idiota.

Mas eu tinha uma única coisa a meu favor: não importando minha aparência ou como eu agia, ou como os outros me viam, eu acreditava em mim. Qualquer que fosse a situação à minha volta, interiormente, por alguma razão, eu simplesmente sabia que na verdade era bom o suficiente, que tinha bom coração e, caso fosse necessário, poderia absorver tudo, levar mais socos no queixo do que qualquer outro e, no fim, **eu iria** prevalecer.

No fim da adolescência, eu sabia que não precisava me esforçar tanto quanto fazia. Mas, se a tarefa fosse importante para mim, qualquer que fosse ela – lavar banheiros, limpar mesas, pronunciar o alfabeto diante do espelho no meu quarto na casa de minha mãe adotiva –, uma vez comprometido, eu dava tudo de mim. Depois que adquiri o hábito de agarrar-me a minhas crenças, na maior parte das vezes eu realmente não me importava.

Levei algum tempo para aprender a dar um passo atrás em termos psicológicos, mas isso me ajudou bastante. Eu observava em silêncio coisas como gestos corporais – de como uma pessoa sacudia os cabelos a como caminhava ou se empertigava ou como respirava. Eu buscava o verdadeiro significado de cada movimento. Lia pequenos sinais reveladores. Eu ouvia não só o que era dito ou como era dito, mas também a paixão, a determinação por trás da expressão.

Eu permanecia nas sombras, pouco abaixo do radar, mas absorvia tudo. Depois de algum tempo, eu podia caminhar com a cabeça baixa, numa postura aparentemente submissa, e sabia, sentia quem tinha e quem não tinha coragem. Quem era cheio dela e quem iria ceder, quem tinha a verdadeira coragem suja e decidir ir em frente e dar tudo de si.

Quando era adolescente, eu tinha plenamente consciência de que, por fora, parecia um desajeitado. Contudo, por dentro minha crença me fazia explodir de força e valor. E *aquela* era minha arma.

Era simples e linear. Eu extraía minha força do meu passado. No mundo de fachada e da necessidade de se encaixar dos adolescentes, eu comparava cada luta que enfrentava com a luta de um garoto sobrevivendo no porão. O fato de saber que havia passado por coisas muito piores plantou dentro de mim uma semente que cresceu – eu podia passar por qualquer coisa.

Quando me dispunha a fazer alguma coisa, por mais alta que fosse a barreira ou mais espessa que fosse a parede, eu sempre sabia que faria ela acontecer. Eu encontraria uma maneira. Por cima, por baixo ou, se preciso fosse, arrancando pedaço a pedaço até poder passar pela barreira, eu seria inflexível.

Por mais árduo que tenha sido meu alistamento na força aérea, ele era apenas a ponta do *iceberg*. Eu o havia assinado sob a premissa de me tornar um bombeiro como meu pai. Mas, com a sorte típica dos Pelzer, meus papéis foram perdidos e fui designado para a gloriosa tarefa de me tornar cozinheiro. Um cozinheiro de campo perto dos pântanos do oeste da Flórida.

Levou algum tempo, mas como sempre absorvi o golpe, à espera de dias melhores. O trabalho era duro e igualmente degradante. Por mais que detestasse tudo a respeito de minha tarefa, eu chegava antes de todos os outros – às três da manhã – e algumas vezes permanecia até depois das nove da noite, dirigindo então de volta ao acampamento, onde meus colegas membros de tripulações, às vezes desordeiros, me mantinham acordado com suas festas até o início da manhã, quando eu retornava à cozinha do campo.

Isso continuou por anos. Quando tinha tempo livre, eu o aproveitava ao máximo. Às vezes, quando todos os outros pareciam dispostos a brigar, eu me arrastava para fora da barraca pela janela e, com os pés balançando sobre um peitoril, digeria um de meus vários livros sobre um determinado modelo de avião, estudava álgebra ou me degladiava com a trigonometria. Meu sonho não era somente me tornar membro de uma tripulação de avião da força aérea, mas um especialista em reabastecimento no ar do altamente secreto SR-71 Blackbird. Eu era obcecado desde criança por esse avião de conceito radical, cuja velocidade de *cruzeiro* era superior a Mach 3 – mais rápido que uma bala. E estava determinado a fazer parte da história aeronáutica.

Eu sabia que seria muito difícil. Que a força aérea abria poucas dezenas de vagas por ano para a posição de reabastecimento no ar, e que ser designado para o Blackbird era uma fantasia. Mas eu não me importava. Lá no fundo, eu acreditava que, de algum modo, faria aquilo acontecer.

Quando minha campanha passou de fantasia particular para um empreendimento público, de repente as barreiras começaram a surgir de forma ininterrupta. Das zombarias que recebi daqueles que pensava que eram meus amigos, que diziam alegremente que um "cozinheiro de campo" nunca iria voar, até a papelada constantemente perdida, aquilo se tornou um inflexível pesadelo de perseverança. Quando os responsáveis estragavam tudo, enviando pela enésima vez os documentos para a aprovação do comando para reabastecimento **em terra** em vez de **no ar**, o pedido de desculpas que recebi foi um encolher de ombros. Na maior parte das vezes, eu tinha sorte se recebesse um sorriso forçado.

– Não me lembro de um cozinheiro ter se candidatado a tripulante, e menos ainda a uma vaga. Pensei que, depois da quarta rejeição em um ano, você captaria a mensagem. Não é, benzinho? – inquiriu uma vez um sargento antes de olhar torto para o distintivo prateado acima do bolso esquerdo da minha camisa. – Mas o que é isto?

Por mais que eu quisesse dizer àquele sargento gordo, desmotivado, indecoroso e burocrata que, na verdade, ele e seu pessoal eram incompetentes, e essa era a razão pela qual eu havia perdido janelas críticas para me candidatar às raras aberturas de vagas para tripulantes, contive-me. O sargento continuou a olhar para meu distintivo prateado antes de recomeçar a inquirir.

Olhei para aquele sargento gordo com os olhos semicerrados e, lentamente, com uma voz ao estilo de Clint Eastwood, declarei friamente:

– Asas de Salto.

– **Você** fez treinamento embarcado? Não é possível! Você sabe que usar insígnias não autorizadas é contra os regulamentos. Você poderá ser acusado de... O sargento demonstrava nervosismo enquanto lutava para recuperar o controle e a autoridade.

– Suponho que você tenha confirmação para essas asas.

– No pacote – disse eu secamente.

Depois de folhear as pilhas de papéis, o homem deixou cair sua fachada.

– Bem, quem diria. Treinamento embarcado no exército? Bem, eu nunca... nunca ouvi falar de um cozinheiro... Ele recuou, entendendo sua própria mensagem. – Sabe, não posso fazer promessas, mas, quando souber de uma vaga aberta, poderei chamá-lo. Mantenha a fé, meu jovem. Mantenha a fé.

– Sempre mantenho, Senhor. Sempre – respondi.

O que o sargento não sabia era que eu quase havia sido expulso da escola de salto. Fracassei em quase todos os segmentos de todos os exercícios. Descobri que tinha terror de altura e minha falta de coordenação ficou embaraçosamente evidente. Mas eu insisti. Tive de repetir certos ciclos e exercícios três, quatro, cinco vezes mais que todos os outros, mas resisti. Assustado como estava, eu me mantive firme. Para mim, cada obstáculo se transformava em um tijolo em minha determinada base de resistência.

Por mais que eu acreditasse, porém, isso de nada valia diante da dura e fria realidade do tempo. Meu período de alistamento estava quase terminado. Quando meu último pacote de documentos mal enviados foi mandado de volta, eu deveria iniciar o processo de desligamento da força aérea. Os quatro anos de serviço estavam quase no fim. A equação era estúpida: alistar-me de novo como cozinheiro, ou sair.

Mas algo dentro de mim me contou outra história. Não importava o que acontecesse, eu simplesmente não conseguia engolir a derrota. Numa noite de sexta-feira, quando tomava uma rara cerveja, Roger, meu melhor amigo, disse:

— Você sabe que acabou, Pelz. Não há nada mais que possa fazer. Se você tivesse mais seis ou oito meses, isso seria suficiente para montar um outro pacote de documentos e enviá-lo ao Comando. Mas você não os tem. É isso aí. Você precisa aprender quando jogar a toalha.

Desde o início de minha campanha, eu contava a Roger a respeito de todos os detalhes — de como "o sistema" era injusto, como os burocratas eram incompetentes e como era má a minha sorte em todo empreendimento para me tornar "tripulante". Contudo, aquela noite se encheu de silêncio. Roger não sabia quase nada sobre meu passado, nem por que eu era tão enérgico. Até pouco tempo antes, nem mesmo eu sabia que era tão feroz.

— Rog — comecei —, não posso explicar isto. Sei que é estranho, mas apenas sei, acredito, que irá acontecer. Está bem, conheço as regras, sei o que todo mundo está dizendo, mas o que sinto é diferente. Passei por coisas muito mais sérias. Tudo o que tenho de fazer é encontrar um caminho.

Passando mais um copo para mim, Roger me encarou antes de concordar.

— Pelz, não sei o que se passa com você; muitos sujeitos falam muita besteira, e sei que eles estão cheios dela. Mas com você é diferente. Posso sentir isso.

Em pouco tempo eu tinha um "quase plano": iria me inscrever para uma rara extensão, explicando minha situação de maneira calma e profissional, como haviam sido cometidos erros não por minha culpa. Então, quer permanecesse como cozinheiro, quer me tornasse um tripulante de avião, sem hesitar eu iria me dedicar ao serviço com orgulho.

Era um jogo enorme, mas eu tinha de tentar. Sabia que, se não o fizesse, iria carregar o arrependimento pelo resto da vida. Afinal, havia superado muitas lutas e não queria ter aquela pergunta ecoando nos recessos de minha mente: "E se eu tivesse tentado?"

No fim foi sorte, Deus e algo que sempre chamei de "persistência ignorante". Tive a grande sorte de não só receber uma vaga de treinamento como operador da haste de reabastecimento, mas também, caso fosse aprovado, de servir na única base que operava com o SR-71 Blackbird.

Como acontecera comigo milhares de vezes antes, na primeira vez em que entrei no macacão de voo, quase tive um ataque de nervos e o perdi. Mas todas as dificuldades e as besteiras inúteis tornaram, de alguma forma, a simples experiência de vestir o macacão mais memorável.

Nos mais de nove anos e incontáveis missões que voei, algumas altamente sigilosas e algumas sérias emergências em voo, eu sempre soube que tudo daria certo.

A manhã em que parti para a Operação Escudo do Deserto, a Guerra do Golfo de 1990, aconteceu de ser o aniversário do meu filho. Patsy, a mãe de Stephen, estava muito assustada. Ninguém, nem os generais nem os políticos nas mais altas posições, sabia o que esperar. Cuidei de todas as coisas que pude, de dinheiro a números de telefone e várias listas do tipo "o que fazer se...". Embora uma parte de mim estivesse ansiosa por servir e desempenhar um pequeno papel na história com o F-117 Stealth Fighter, então recém-revelado, mais uma vez uma grande calma me cercou.

Com meu filho agarrado à minha perna e meus braços em torno de Patsy, sussurrei:

– Tudo dará certo. Os bandidos nunca irão nos derrubar. Caso o façam, saltarei antes de o jato explodir. Sei o que fazer; darei um jeito de chegar até a fronteira. Tenho um plano. Eles nunca irão me apanhar; se apanharem, escaparei. Se for feito prisioneiro, ficarei bem. Não importa o que será preciso nem o tempo que irá levar, eu voltarei. Por favor... não se preocupem. Tudo vai dar certo.

Patsy apertou sua mão sobre meu coração. Ela acenou a cabeça concordando antes de murmurar:

– Sei que voltará. Posso sentir.

SUA PERSPECTIVA PESSOAL
Você precisa acreditar

- De todos os diferentes aspectos de sua vida, qual é a crença essencial que você melhor representa?

- Se uma situação não estiver evoluindo como espera, você lutará pela sua causa? Em caso positivo, quanto você irá se esforçar *e* o que **você** acha que lhe dá essa determinação?

- No passado, quando ocorria uma situação infeliz, você se lembra de qual crença, aquela mera ideia, que o ajudava a superá-la? Você consegue se lembrar de como se sentia naquela ocasião?

- Quando ocorre uma situação inesperada, você se fecha automaticamente, acreditando somente no pior que pode acontecer, ou, depois que se acalma e reavalia a situação, encontra uma maneira não só de seguir em frente, mas também de superar a situação? O que você pensa que lhe dá essa força?

- Independentemente da situação em que se encontra, você consegue encontrar uma calma interior?

- No final do dia, não importando o resultado da situação, você acredita que deu o melhor de si? Pelo menos se orgulha de ter feito uma tentativa?

- Independentemente do número de vezes em que pode não ter atingido seus objetivos, você acredita em si mesmo?

CAPÍTULO QUATRO

USE-A OU PERCA-A

Se você pensar seriamente no assunto – refiro-me a uma reflexão profunda, um exame de consciência –, talvez parte do desafio de acreditar em si mesmo se deva, por mais simples que possa parecer, ao fato de você simplesmente ter se esquecido de como fazê-lo. Não ria, não aparente surpresa. Talvez você tenha perdido, ao longo do tempo, aquele impulso, aquela crença, que foi no passado uma arma poderosa de seu arsenal. Pode ser que você, como milhões de outras pessoas, tenha sido apanhado no jogo da vida. Pode ser que tenha dividido seu foco em diferentes direções: filhos, trabalho doméstico, contas a pagar, emprego, academia, a dieta que nunca termina, mais contas ainda, preocupações, estresse, as batalhas intermináveis – tudo!

Se você parar para olhar, às vezes a vida pode ser... bem, maior que a vida!

Hoje existem muitos médicos em diversas áreas, em especial na psicologia, que são inflexíveis quando dizem "Use-a ou você irá perdê-la", particularmente para pessoas que podem ter perdido a autoestima ao longo da acidentada estrada da vida.

Use-a ou perca-a. Pensemos a esse respeito. Embora algumas pessoas possam corar embaraçadas como adolescentes pensando que se trata de uma espécie de cantada de vestiário, o lema é bastante sério.

Exemplo: alguma vez um filho seu veio a você com um problema básico de matemática e você ficou completamente estupefato? Embora aquela criança na sua frente nem alcance sua cintura e você tenha muito mais experiência e educação do que ela, você ficou completamente... bem, estupefato.

Eu fiquei! Posso lembrar a vez em que meu filho Stephen entrou na sala sorrindo de orelha a orelha, me perguntando sobre um problema envolvendo frações básicas. Fiquei sem voz. Eu, que fora um antigo membro da força aérea, que usava matemática várias vezes por dia quando ia voar – equações relacionadas a peso e equilíbrio, capacidade de combustível e taxas de consumo, distribuições de combustível e assim por diante! Para fazer tudo aquilo, eu usava álgebra avançada. Eu, que me orgulhava tanto de resolver binômios de cabeça, não conseguia resolver uma simples equação de um menino da quarta série, devido exclusivamente ao fato de não usar uma régua de cálculo ou abrir um livro de matemática havia muito tempo. Depois de nove anos voando e de cenários sem fim, bastaram-me poucos meses para eu me tornar um idiota em matemática. O mesmo ocorre quando o assunto é tocar piano, esportes, preparar uma refeição elaborada, qualquer coisa que requeira alguma forma de pensamento ou esforço. Quanto menos você pratica, mais perde o preparo, tornando assim mais difícil a recuperação.

Em resumo: a menos que você se dedique constantemente, com o passar do tempo as coisas têm a tendência de se perder – e isso vale sobretudo para sua autoestima.

O que fazer para encontrar a autoestima perdida? Em primeiro lugar, relaxe. Isso ajuda o cérebro a pensar melhor e com mais clareza. A seguir, procure se lembrar daquele tempo na sua vida em que talvez as coisas não fossem tão bem. Quando na verdade elas eram muito duras, injustas ou simplesmente difíceis. Vá fundo e pergunte a si mesmo: "Qual foi a cadeia de pensamentos que me levou a crer que eu poderia superar tudo aquilo?"

Houve uma situação em que você estava um pouco fora do seu elemento, quando se sentiu ligeiramente intimidado por ter de aprender um novo programa de computador, por deixar sua zona de conforto para iniciar um novo relacionamento, ou por reentrar na força de trabalho depois de algum tempo desempregado? Mais uma vez, isso pode ser assustador e durar algum tempo. Pode exigir alguma prática, mas se você relaxar redescobrirá esse ativo.

Sei que parece simples demais, sem encanto e antiquado. Com tudo o que estudei, com os incontáveis profissionais que conheci e que são referências em suas áreas de atuação, a conclusão é a mesma: todos nós temos autoestima. E, a menos que a usemos, nós a perderemos.

Para quase todos nós, existe algo no passado que podemos recuperar. Trata-se basicamente de reencontrá-lo e reaplicá-lo. Mais uma vez, aqui não há nada de magia. Apenas bom senso. Busque esse ativo em seu passado e reaplique-o.

QUEM VOCÊ ADMIRA?

Pare de ler por um instante e pergunte-se: "Quem realmente admiro?"

Agora pergunte *por que* você admira essa pessoa em particular. É provável que ela tenha superado tremendos obstáculos. Que tenha coragem, muita coragem. Ela não desiste facilmente. Tem ética. Tem padrões. Ela se comporta de determinada maneira. Ela tem orgulho – um orgulho altruísta e silencioso. Tem convicções fortes a respeito de quem é e do que deseja realizar. Ela sabe de onde veio e o preço que pagou para ser ainda melhor.

Pessoas como ela se mantêm de pé por si sós. Gente como Lance Armstrong, Oprah Winfrey, Colin Powell, Shania Twain. Ainda melhores e muito mais corajosas são as pessoas do dia-a-dia: aquelas que lutaram contra o câncer, que trabalham em empregos sem futuro para realizar o sonho de mandar os filhos à universidade, que lutam para nos proteger e salvar vidas em nosso país – como a polícia, os bombeiros, o pessoal dos serviços médicos de emergência – e no exterior, quando estamos em guerra.

É óbvio que não é preciso ter um grande nome para realizar grandes feitos. *Basta acreditar em nossa capacidade de realização.*

Para algumas pessoas, o teste de resistência foi forjado no fogo do inferno: lutar contra o câncer, um passado abusivo, o abandono, a solidão. Outras desenvolveram a confiança em si mesmas quando enfrentavam situações extremas ou mesmo ameaçadoras.

Você não é diferente de ninguém. Ninguém é melhor que você. Ninguém! Se suportou alguma coisa e ainda está respirando, então você tem o que é preciso para se tornar a pessoa que pretende ser. É só explorar isso em si mesmo.

A SEMENTE DA *MINHA* AUTOESTIMA

Falando em termos pessoais, suportei tempos difíceis, mas e daí? Grande coisa. Quem não passou por isso? Mais uma vez, como você, não sou diferente. E, no fim das contas, quem realmente se importa? Meu passado aconteceu há muitos anos. Tive sorte. Muita sorte, de *muitas* maneiras. Sei disso e dou o devido valor. Essa é uma das principais razões pelas quais faço o que faço. Sei que há pessoas que passaram por coisas piores e nunca parecem encontrar alívio. Portanto, sinto que o mínimo que posso fazer é tentar oferecer alguma forma de assistência.

Devido à minha antiga situação, não se passa um dia sem que alguém me faça a pergunta: "Dave, como você conseguiu?" Em geral eu apenas sorrio e explico: "Realmente não sei como ou o que fiz no início, mas de modo geral fiz basicamente o que tinha de fazer. Simplesmente comecei a acreditar em mim mesmo".

Entendo que, para algumas pessoas, minha resposta pode parecer demasiado simples, ou mesmo quase rude. Não é essa minha intenção. Também entendo que é provável que minha resposta seja algo que algumas pessoas não queiram ouvir, esperando em vez disso por uma máxima dramática ou uma cura espontânea, mas as coisas não são assim na vida real. Prefiro ser honesto, humano e humilde, deixando que as pessoas saibam que minha experiência passada na verdade ajudou-me a começar a pensar por mim mesmo, forçando-me a virar proativo. Na época, eu estava simplesmente tentando sobreviver e ponto final. Não sabia então, mas hoje posso afirmar honestamente que aquilo me tornou uma pessoa melhor, mais forte, mais humana, que *todos* os dias continuo a me esforçar para ser.

Repito: *aquilo que não o mata só pode torná-lo mais forte.* Contudo, há algumas pessoas que simplesmente não entendem. **Ou** talvez haja pessoas que não *desejem* entender.

Ao longo dos últimos quinze anos, tive a sorte de ser entrevistado por quase todo mundo. De Oprah a Larry King e meia dúzia de aparições com Montel Williams, a centenas de programas de rádio e revistas e jornais de todo o país e do mundo. E, embora esses profissionais, em sua maioria, pareçam entender meu empenho, alguns deles, a despeito de sua vasta experiência e sua posição, parecem não conseguir entender as respostas simples a suas perguntas. Mais de uma vez uma grande celebridade da televisão me perguntou: "David Pelzer, uau! Que história surpreendente! Então, quando você era uma criancinha assustada e passava por todos aqueles horríveis abusos, o que leu que o ajudou?" Ou: "Você participou de um retiro motivacional? Teve um orientador? Diga-me, diga ao público, foi um episódio do *meu* programa que o motivou?"

Meu Deus!

Sei que estou malhando em ferro frio, mas creio que vai ser sempre assim. Pois existem de fato algumas pessoas que, não importa o que você diga, faça ou como viva sua vida, não são capazes de entender uma solução simples para uma situação incomum. Muitas daquelas que fizeram grandes realizações **começaram** pela simples crença de que, talvez, as coisas fossem melhorar. Havia uma possibilidade de que elas pudessem dar certo, mas, independentemente dos resultados, a verdadeira crença na causa em si valia o esforço.

Em todas as entrevistas e palestras que dou – em grandes empresas, escolas e universidades –, bem como em treinamento especializado no trabalho ou em inúmeras noites de autógrafos, faço o possível para assegurar que as pessoas *entendam* a "mensagem". A mensagem de resiliência. A mensagem de não só superar problemas e atingir uma certa estatura, mas também o desejo de tentar, no mínimo, alcançar uma certa grandeza. E, se você ainda tiver dúvidas, rezo para que, depois de ler alguns dos exemplos a seguir, você também entenda.

Há em nossa vida importantes pontos de virada. Os meus, para o bem ou para o mal, como para milhões de pessoas, vieram por meio de circunstâncias devastadoras. Tive a sorte de ser capaz de reconhecê-las, dominá-las e depois usar minha base de autoestima para construir as coisas durante toda a minha vida. E você, graças a Deus, não é diferente.

Aos oito anos de idade, eu havia me tornado condicionado. Conhecia meu lugar dentro da cadeia alimentar da vida. Naquela altura, minha mãe estava no auge da desgraça: bebendo sem parar, tentando segurar um casamento desmoronado e enfrentando não sei quantos demônios do passado que pareciam surgir das profundezas da sua alma perturbada.

Como mencionei antes nas perspectivas pessoais, quando criança eu estava ciente das regras especiais que se aplicavam a mim. Eu era o Garoto. Não era membro da Família. Era proibido falar comigo, olhar para mim ou mesmo reconhecer minha existência. Para todos os fins, eu era invisível. E que Deus ajudasse Ron e Stan, meus irmãos, caso sussurrassem um cumprimento ou tentassem me passar às escondidas um pedaço de pão.

Eu era uma espécie de escravo que vivia no porão, dormia numa cama de campanha velha e durante o dia tremia ao pé da escada com medo, esperando a próxima convocação de minha mãe.

Em minha mente em branco e preto, eu lutava comigo para compreender o "por quê?" e o "o quê?" – qual fora a coisa horrível que eu havia feito. Passei inúmeras horas tentando descobrir "o que" poderia fazer ou desfazer para deixar minha mãe feliz, para me redimir de alguma forma, na esperança de que aquilo me permitisse voltar a ser um membro da Família, *a família dela.*

Depois que completei sete anos, as coisas começaram a acontecer depressa demais. Os eventos saíram de controle. O "tratamento" ocasional passou a ser uma ocorrência diária e depois começou a acontecer várias vezes por dia. Eu havia fantasiado que minha mãe, como Branca de Neve, um dia despertaria do seu sono de raiva e bebedeira. Mas acabei tendo de aceitar a realidade dura e fria de que as coisas não iriam melhorar para mim. Em resumo, eu estava sozinho.

Certa tarde eu devo ter desobedecido uma ordem – olhado para os olhos de minha mãe sem permissão, deixado de cumprir o prazo para uma de minhas tarefas, ou, o pior crime de todos, ser apanhado roubando comida da lata de lixo da cozinha. Qualquer que tenha sido a infração, levei uma surra e acabei no pé da escada com manchas de luz flutuando diante de meus olhos. Lembro que a dor era insuportável. Eu estava apavorado. E cansado. Estava esgotado por aquela maneira degenerativa de viver. Assim, enquanto a Família jantava alegremente no andar de cima (minha mãe era de fato uma grande cozinheira), eu choraminguei até as lágrimas secarem. A dor vinha em ondas, dos pés até o nariz.

Sem pensar, lutei para controlar meus soluços depois de chorar. Assim comecei a contar lentamente em ordem decrescente de sessenta até um. Eu visualizava calmamente os números brancos em minha cabeça. Quando chegava ao número um, eu respirava fundo e recomeçava a contagem. Posso afirmar que, a cada minuto que passava, embora a dor ainda queimasse meu corpo, de certa forma ela não era tão forte como tinha sido meros sessenta segundos antes.

Foi então que me veio a ideia. "Ei", disse para mim mesmo, "se posso sobreviver à dor de alguns minutos atrás, então sei que posso aguentar nos próximos minutos... ela não será mais tão forte." Em outras palavras, disse a mim mesmo: "Sou capaz de suportar! Posso passar por *isto*. Ficarei bem".

Eis uma verdade a respeito da vida: nenhum de nós sabe o que nos reserva o amanhã. Também não podemos começar a contemplar o que Deus guarda para nós. Mas, a cada dia e a cada situação, ao menos devemos ter fé de que poderemos vencer, poderemos ficar bem. Tragédias nos atingem e más situações brotam do nada. Quando elas surgem, devemos recorrer àquilo que corre o risco de se perder: a indisputável crença em nós mesmos. A crença de que ficaremos bem.

E, embora algumas pessoas possam sacudir a cabeça em sinal de descrença ante minha solução simples para aquele momento no porão, quero colocar algumas questões: *Em que você acredita? Você enfrenta seus desafios? Consegue enxergar a verdadeira natureza das coisas?* Depois de bater no peito e falar grosso na frente dos outros para parecer superior, quando você fica só, ainda acredita que pode conseguir? Ou você se retira em silêncio para dentro de si mesmo e dá mais uma desculpa enquanto espera que aqueles que o conhecem esqueçam sua mais recente fuga da realidade?

E então?

Não me importa quem você é ou não é, nem quanto dinheiro tem ou deixa de ter. Não ligo se você é ou não é charmoso, se tem pele áspera ou lisa, se é gordo, magro, tem tudo ou nada tem. Se cometeu alguns erros (e quem não cometeu?) ou fez um erro *realmente* grande. Se você tiver coragem para se manter de pé, lutar pelo bem e assumir um compromisso verdadeiro com sua causa, certamente pode contar com meu apoio.

Se você perdeu sua autoestima, mantenha-se de pé. Não desista de si mesmo. Cresça, encontre a autoestima, alimente-a e teste-a. Faça com que ela crie raízes e observe-a crescer.

Admito que o fato de contar em ordem decrescente para ajudar a me distrair da dor lancinante e da degradação infindável certamente não foi a cura. Mas esse componente me deu a oportunidade de acreditar em mim mesmo. Mais uma vez, não foi nenhuma resposta entorpecente para o cosmos, mas para mim foi a estrela branca flutuante de que pude me valer no grande vazio de meu mundo obscuro.

O fato de captar *e alimentar* aquele simples elemento deu o incentivo necessário ao meu moral. Por mais insignificante que fosse, ele era muito mais do que qualquer coisa que eu já tivera antes. Ele me deu algo em que me apoiar nas *muitas* vezes seguintes. Tenho certeza de que, para algumas pessoas, isso parece tolice. Mas, pelo menos durante aquele período negro de minha vida, quando era sozinho e um garoto apavorado na escuridão, aquele elemento transformou-se na crença na possibilidade de sobreviver.

Aquela partícula de autoestima me ajudou imensamente quando minha mãe encheu uma banheira com água fria e me obrigou a ficar nela só com o nariz fora da água para que todos vissem e rissem. Mais tarde, à medida que a água escorria lentamente pelo ralo, comecei a tremer descontroladamente. Com medo de ser apanhado movendo as mãos sob as pernas ou pondo-as embaixo das axilas para me aquecer, permaneci totalmente imóvel. Eu não ousava sequer pensar em sair da banheira e pegar uma toalha. Nem mesmo pensei em desobedecer as instruções de minha mãe. Eu queria sumir. Meu maior desejo era gritar para espantar o frio, para me desassociar de mais uma humilhação.

Então consegui me acalmar. Automaticamente dizia a mim mesmo: "Posso sobreviver a isto". Com os olhos fixos no teto do banheiro, comecei a contar os números mentalmente. Eu focalizava cada número que passava pela minha cabeça. A seguir, sempre lentamente, passei a prestar atenção ao meu ritmo de contagem. Eu mantinha uma cadência certa, nem muito rápida nem muito lenta. Meu corpo tremia e meus dentes batiam durante o primeiro minuto, mas o minuto seguinte foi um pouco melhor. À medida que os minutos se passavam, eu não me sentia exatamente aquecido, mas sabia que superaria a pior parte.

Sei que muitas pessoas talvez digam: "Essa é uma maneira muito estranha de desenvolver a autoestima". Minha resposta imediata é: sim, de fato – mas em geral algumas coisas são descobertas nos lugares mais incomuns e nas piores circunstâncias. Quando você descobre a origem da sua autoestima e a cultiva, o resto não tem importância.

O que contar números tem a ver com a autoestima? Para mim, contar era um mecanismo, uma ponte para a crença de que eu poderia sobreviver. Eu acreditava que, se era capaz de fazer aquilo, *seria capaz de fazer qualquer coisa.*

Todos sabem que, em circunstâncias normais, a autoestima é desenvolvida graças aos valores familiares, na prática de esportes elementares ou nos pequenos desafios. Mas, como sabemos, a vida nem sempre é normal. Ela pode ser drástica. Pode ser extrema. Assim você aproveita o que dá, quando dá e como dá. Extrai o melhor das coisas. E, não importa o que aconteça, mantém a fé.

MANTER A FÉ

Não me importa quanto para você os eventos da sua vida pareçam remotos ou insignificantes: seu primeiro momento de fé cega foi aquele que o guiou através do portal escuro. Todos os dias e a cada passo, a fé é a base da jornada da sua vida.

Pela enésima vez, não estou tentando dizer que para isso você precisa ter passado por um episódio pavoroso, nem dizendo que precisa se tornar uma "superpessoa", voando pelo ar com uma capa vermelha. Só quero que compreenda que, na pior das hipóteses, sua fé é um enorme ativo no arsenal para lidar com a vida. Sua autoestima aguarda em silêncio pelo momento em que se fizer necessária.

Não sou diferente dos outros: de vez em quando perco a autoestima. Até hoje, sempre que enfrento um problema sério, sempre que sinto medo ou acho que não conseguirei superá-lo, quando sinto que não tenho forças nem tempo para me dedicar a determinada causa, conto com a fé que se originou de situações muito mais graves. E é essa crença que me leva adiante.

Depois eu rezo, recalculo, avalio e tento novamente, tendo fé em dias melhores à frente.

Agora é a sua vez. Sua vez de se erguer e brilhar, de buscar horizontes mais amplos, de assumir o controle. No mínimo, você possui a crença – a verdadeira crença – em si mesmo. Os acontecimentos irão rodopiar ao seu redor e parecer fora de controle, mas, com sua fé inabalável, você, meu amigo, será capaz de sobreviver à tempestade. Qualquer tempestade!

Tente o seguinte: a partir deste momento, quero que se conscientize de como caminha, da sua linguagem corporal, do tom da sua voz, daquilo que diz para o mundo ouvir e, mais importante, daquilo que você diz e que só você e Deus sabem. Exercite a autopercepção e, ao fazê-lo, conserve consigo um pouco de fé. Seja consistente: dedique-se a essa prática por algum tempo e observará seu mundo se abrir.

Nunca se esqueça, é a autoestima que faz você ser quem é. Porque você foi e sempre será a soma total da fé que carrega dentro de si!

MINHA PERSPECTIVA PESSOAL

Apenas um fio

"Ei, mas você não *costumava ser* Dave Pelzer?"

Ao ouvir as palavras, tudo o que pude fazer foi me recolher ainda mais em minha frágil carapaça. Parte de mim tinha vontade de gritar "Dá um tempo!", mas, desde que me mudara para Palm Springs mais de quatro anos antes, eu e George, um colega que também gostava de charutos, tínhamos virado bons amigos. Sentado diante de mim, ele sacudia a cabeça.

– Vai ficar tudo bem. Você vai superar isso.

– Ah, claro que sim – eu queria zombar –, e que diabo você sabe? Eu podia sentir a combinação de raiva intensa e angústia atravessar meu corpo. Queria encontrar um lugar para vomitar, alguma coisa para bater e um lugar para me deitar, tudo ao mesmo tempo.

– Se existe alguém que pode superar isso, esse alguém é você, meu amigo – disse George. Então, antes de sair, ele acrescentou:

– Não quero parecer cruel nem insensível, mas não esqueça: é apenas um divórcio.

Havia meses que eu e Marsha, minha segunda mulher, tínhamos pedido divórcio. Desde aquele dia minha vida estava desmoronando. Nós nos conhecíamos havia nove anos e estávamos casados havia mais de cinco. Éramos uma equipe. Ela administrava toda a empresa, enquanto eu escrevia e viajava. Mas, no final, tudo ficara insuportável, com Marsha querendo morar perto dos pais doentes na Geórgia, enquanto eu desejava ficar na Califórnia para estar perto do meu filho; e nós trabalhando lado a lado naquele meio rápido, inflexível e intenso das iniciativas de salvar o mundo, sendo que eu viajava mais de duzentos dias por ano.

Nós tentamos, e Marsha mais que eu. Tínhamos, porém, passado o ponto do qual não havia mais retorno. Por mais que nos amássemos, infelizmente não éramos mais o casal que tínhamos sido no passado.

Quando perdi Marsha, perdi meu mundo. Perdi minha fé. Eu, que me orgulhava tanto de fazer o melhor, de me doar aos outros – algumas vezes sob as circunstâncias mais horríveis e inomináveis –, sem perceber às vezes voltava para casa com pouco para dedicar à minha mulher.

Sentado na loja de charutos, tudo o que eu podia fazer era apertar minhas mãos, que tremiam. Minha mente, meu corpo e meu espírito estavam à beira do colapso total. Em média, eu dormia noventa minutos por noite. Mal conseguia comer e, quando o fazia, ia para o banheiro depois de poucos minutos. Meu peso, anteriormente pouco acima de oitenta quilos, caíra para setenta. Algumas vezes eu esquecia de fazer a barba, e meus olhos estavam fundos e vagos. Quando andava, era com os ombros caídos para a frente e a cabeça inclinada para baixo.

Para alguém que mantivera as emoções fechadas e enterradas por tantos anos, eu estava experimentando uma gama de sentimentos como nunca antes: saudade, traição, raiva, abandono e tristeza completa. Quando me casei com Marsha, eu o fizera para toda a vida.

Quaisquer que fossem os erros cometidos com a mãe de Stephen, eu estava determinado a não repeti-los com Marsha. Com ela eu realmente dei tudo de mim. Ela era mais que minha esposa; Marsha era meu mundo, era meu tudo. E eu planejava tudo o que podia em torno de minha mulher, de férias em lugares exóticos planejadas com um ano de antecedência a decorar a casa inteira com suas flores favoritas e preparar um jantar romântico – eu adorava fazer coisas para Marsha.

Embora minha vida de negócios estivesse estruturada com vários eventos todos os dias, planejados com a precisão de minutos, o que às vezes me deixava completamente louco, com Mar eu gostava simplesmente de ficar em casa a seu lado. Eu me levantava cedo, cuidava dos cães, fazia meus exercícios e depois iniciava um dia de trabalho furioso, sempre de olho no relógio, contando o tempo até poder preparar para Marsha seu martíni especial e ficarmos juntos.

Nós conversávamos, fantasiávamos, fazíamos planos. Desde quanto tempo ela desejava ficar na França quando fôssemos para lá (seu sonho de infância) até quanto tempo meu corpo ainda resistiria a todas as minhas viagens. Quando Marsha pronunciou pela primeira vez a palavra *aposentadoria*, eu gelei. Nunca havia pensado naquilo, mas, quanto mais explorávamos um ritmo mais desacelerado e tudo o que poderíamos fazer como casal, mais seguro eu me sentia a respeito do meu futuro.

E agora, graças a uma cadeia de eventos inesperada, eu não tinha a menor ideia do que iria comer na próxima refeição, para não falar em planejar qualquer coisa significativa que envolvesse como viveria o resto de minha vida. Algumas vezes cheguei a imaginar me atirando de um penhasco – e poderia tê-lo feito, se não fosse minha ainda estruturada agenda profissional.

Mesmo meses depois da separação, eu ainda sentia a alma totalmente vazia. Lentamente fui me convencendo de que não conseguiria superar aquilo. Que estaria para sempre doente e indesejado e acabaria velho e solitário.

Por mais que rezasse, chorasse e gritasse, a dor intensa e a vergonha não cediam. Às vezes, tarde da noite, eu vagava pela casa vazia, pegando fotos de Marsha e mim juntos. No início a sensação era fraca, mas lentamente o aperto no peito ia crescendo. Eu acabava ou caindo de joelhos ou tentando achar uma cadeira onde desmoronar, lutando para inalar algum oxigênio.

Uma noite, depois de sentir o aumento da pressão, antes que minha mente frenética e exausta saísse de controle, inclinei a cabeça para trás e fechei os olhos. Com a tensão aumentando ao redor do meu torso, em vez de entrar em pânico encontrei um ritmo. Comecei a contar; de olhos fechados eu visualizava grandes números brancos clicando em ordem decrescente de dez até um. Então, como havia feito quando era abusado na infância e forçado a ficar na banheira cheia de água fria tremendo como uma folha, repeti o ciclo. Num momento de clareza, redescobri a mesma linha que havia aplicado quando minha vida *estava* em risco e eu *estava* completamente só.

Naquela noite fiquei sentado no chão da sala de estar apenas contando de trás para a frente. Desacelerei. Recuperei o controle. Convenci-me de que, se pudesse superar os próximos dez segundos, seria mais fácil do que antes; eu ficaria bem. Quando as coisas não pareciam tão ruins, eu dizia a mim mesmo: "Vamos lá, supere apenas o próximo minuto. Faça isso. Vamos, você ficará bem!"

Reutilizar aquele elemento do meu passado ajudou-me imensamente. Uma coisa de mais de trinta anos antes, que eu havia esquecido completamente, ajudou-me a virar o jogo. Certamente não era a cura final, mas, quando eu ainda sentia aquele aperto dia após dia, por alguns minutos ou algumas horas meu fio da meada me dava um apoio a partir do qual poderia me reconstruir. Ela me dava algo que fazia a dor desaparecer.

Pela vontade de Deus, pouco tempo depois fui convidado a ir ao Bethesda Naval Hospital para visitar fuzileiros navais seriamente feridos na guerra. Minha única preocupação era não estragar tudo na frente daqueles homens dedicados. Enquanto o oficial que me acompanhava contava a história de cada fuzileiro visitado, relaxei um pouco. Fui tomado pela sensação tranquilizadora de prestar um serviço mais elevado. Fiquei mais jovial, ao ponto de ter de maneirar quando um cabo que tinha pontos por todo o tórax me pediu para parar de contar tantas piadas, porque as suturas doíam quando ele ria.

Quando nos aproximamos de um dos últimos quartos, o humor de todos mudou subitamente. Contaram-me a respeito de como num dia o fuzileiro viu seu melhor amigo ser morto na sua frente, no dia seguinte viu seu líder de pelotão ser morto e, dois dias depois, ele próprio recebeu um tiro no rosto.

Em menos de um segundo, senti-me completamente envergonhado de mim mesmo e dos **meus** problemas triviais.

Sentados ao lado do ferido, que estava sob observação especial devido à possibilidade de suicídio, estavam seus desolados pais, sua jovem mulher, que parecia ter envelhecido cinco anos nas cinco semanas anteriores, e o filho deles. Ao lado da perna, o fuzileiro repousava sua mão sobre uma Bíblia gasta pelo uso.

Pouco antes de entrar eu tinha sido informado de que, tarde da noite anterior, o jovem tentara arrancar os vários tubos que o mantinham vivo.

Quando me aproximei do leito, rezei para que Deus me livrasse de meus pequenos problemas e me usasse como instrumento para ajudar a aliviar a dor daquele homem. Sentei-me no leito ao seu lado e peguei sua mão calejada. Bondosamente, ele não recuou diante do meu gesto. Como sabia que ele estava surdo de um ouvido, inclinei-me sobre o ouvido bom e perguntei:

– Como estamos indo hoje?

O jovem rabiscou imediatamente sobre um bloco amarelo: *Agora... bem.*

Absorvi suas palavras e a forma como elas se relacionavam com meu sofrimento e minha perda recente. Quase ri de meus problemas. Tudo o que consegui fazer foi acenar em concordância. Nenhum de nós parecia respirar ou piscar. Continuei a segurar a mão dele. O silêncio passava entre nós, mas ainda mantínhamos o contato visual. Quando comecei a respirar com dificuldade devido à vergonha e à tristeza, pude sentir que o corpo do fuzileiro também tremia. Uma lágrima solitária caiu do seu rosto sobre o bloco enquanto ele escrevia: *Eu... vivo, todos os outros se foram... Por que eu?*

Por dentro eu estava vazio. Nem piadas, nem conselhos, nada para dar. Rezei para absorver um momento da dor dele. Então, da forma mais suave possível, abracei o jovem, que já soluçava descontrolado.

Num raro momento de graça, murmurei:

– Há uma razão para você ter sobrevivido. Deus tem um plano para você. Tem um plano para seu filho, um garoto que precisa do pai que irá viver e ensinar pelo exemplo. Sei que Ele quer que você faça seus irmãos orgulhosos. Você tem de seguir em frente. Você foi escolhido. *Essa* é sua missão. Tenha fé. Tenha coragem e você irá superar isso. Deus é minha testemunha de que você irá superar isso. Mas agora, neste momento, tudo o que lhe peço é que respire. Inspire, segure o ar, depois expire cada molécula de ar. E todo esse lixo, ponha-o para fora. Uma respiração por vez, um passo por vez, um dia por vez. *Agora*, neste momento, somos somente você e eu. *Eu preciso de você!* Seja *meu* irmão de armas e, juntos, vamos... apenas... respirar.

Mal consigo me lembrar do resto do dia ou de como dirigi de volta ao meu hotel perto do aeroporto. Na brilhante claridade do pôr-do-sol posso recordar que, pela primeira vez em meses, sentei-me ereto. Olhei para cima. Liguei para meu amigo George na Califórnia e disse:

– Hoje consigo respirar. Se posso fazer isso, então acredito, sei que tudo ficará bem. É apenas um divórcio.

SUA PERSPECTIVA PESSOAL
Use-a ou perca-a

- Assim como você tem uma rotina diária automática de se vestir, se aprontar para trabalhar, cuidar das crianças e/ou tomar um café, será que poderia reincorporar, todos os dias, uma sensação calmante de crença que outrora o ajudou a deixar seu passado para trás?

- Você compreende quanta força e coragem são necessárias para se abrir e liberar sentimentos que você pode ter deixado enterrados, seja qual for a razão, por muito tempo? Você se dá crédito por simplesmente tentar fazê-lo?

- Quando enfrenta um problema, você acredita que dias melhores virão? Em caso negativo, por que não? Em caso positivo, o que lhe dá essa fé?

- Será que você consegue, mesmo estando muito ferido, se esquecer de si mesmo de algum modo e oferecer conforto a pessoas mais necessitadas?

- Quando lida com uma situação que lhe traz extrema angústia, você consegue processá-la e, tal como numa respiração, é capaz de expeli-la de uma vez por todas?

- Acima de tudo, você compreende que é uma pessoa de valor? Que está respirando, caminhando e vivendo nesta Terra por alguma razão? Você está disposto a descobrir a missão da sua vida e a comprometer-se com ela?

CAPÍTULO CINCO

LÍDERES DE VERDADE?

Às vezes eu simplesmente não entendo. Como tanta gente *enlouquece* por algum aspirante a celebridade, algum superultra-figurão da indústria, tendo como séquito um infindável mar de gente estúpida que corre para satisfazer todos os caprichos dele – por completo respeito ou por medo debilitante –, de forma que esse alguém se sinta como se fosse o mestre supremo de todos a seus pés? Afinal, o que está havendo?

Talvez seja apenas minha opinião, mas acho que há muita gente nesse mundo que entende tudo errado. Muita gente que acredita na *ilusão* de quem é "tudo aquilo". De quem é *tão* maravilhoso. De quem é *tão* poderoso. Em algum momento de nossa vida, vemos "essa" pessoa em um dia de trabalho. Essa pessoa com suas maneiras arrogantes, superocupada e tão superior. Exibindo roupas vistosas e caras que estão na última edição de *GQ* ou *Cosmo,* berrando ao celular para que todos ouçam. Exatamente três passos atrás vem o assistente pessoal do figurão, aterrorizado, ingênuo, recém-formado, com baixa autoestima, levando dois celulares que não param de tocar e um grosso bloco de anotações, anotando todas as bobagens que o Ser Superior fala.

Ufa!

Mas, afinal de contas, quem se importa? Quem é *essa* pessoa? O que, *realmente*, ela realizou? O que esse indivíduo teve de sacrificar em sua vida? O que suportou? Que lições transmitiu? O que passou a outras pessoas? Numa vida de experiências e oportunidades, com o que essa pessoa contribuiu para o bem comum? Hein?

Se não é esse tipo de gente que nós, enquanto sociedade, pelo jeito não conseguimos parar de idolatrar, então são os grandes magnatas, os poderosos da cidade grande, os predadores, as pessoas que fecham contratos inimagináveis e insondáveis. Ficamos maravilhados quando vemos seus rostos idiotas sorrindo para nós com aquela expressão arrogante nas capas das grandes revistas de negócios. Corremos para as livrarias só para conhecer os segredos nunca antes revelados do círculo exclusivo dos detentores do poder nos grandes negócios. Metade dos leitores digere e disseca cuidadosamente cada palavra e cada vírgula, em busca de pistas a respeito de como eles também podem se tornar os próximos magnatas (apesar de não terem um único dia de experiência nesse campo). Outros ficam perplexos quando executivos extraordinários se jactam sobre suas façanhas: as técnicas implacáveis, desleais e impiedosas para tirar vantagem de pessoas boas e trabalhadoras cujo único erro foi serem um pouco ingênuas demais. A realidade é que os tubarões corporativos roubam dos pobres simplesmente porque podem fazê-lo.

ACORDANDO PARA A VIDA REAL

Porém, mais cedo ou mais tarde alguma coisa acontece. Alguma coisa fora do controle "deles": surgem eventos globais inesperados, o mercado cai, ou uma voz com uma queixa do passado, anteriormente sufocada, vem à tona. Então todos se dão mal. E, enquanto alguns clamam pela prorrogação do espetáculo, de repente a cortina cai. O Rei não só deixou o edifício, mas também fugiu do país com a ajuda do seu transporte particular, munido somente da roupa do corpo e daquela conta numerada em um banco nas Bahamas. Não mais haverá coquetéis de champanha e sonhos de caviar para o Grande Gatsby. E todas aquelas palavras arrogantes, todas aquelas "técnicas" de poder, agora não valem o papel em que foram impressas. A festa acabou. Porque de vez em quando a sociedade se enche. E recebemos com atraso aquele chamado para despertar. A bolha estoura – desde a das falecidas empresas de alta tecnologia ponto-com dos anos 1990, sem produtos nem serviços, até a bolha recente do mercado imobiliário com preços inflados – e a realidade ataca com uma vingança gelada. Apesar de aqueles sujeitos sem brilho nem charme terem feito alertas, pedido cautela e dado bons conselhos práticos, o estouro era inevitável, pois a maior parte da multidão maria-vai-com-as-outras segue seus novos capitães da indústria até o fim – e além dele.

Por quê? Por que as pessoas fazem isso? Em parte, porque acreditaram que aquela pessoa tinha tudo. Ela realizava coisas e era um sucesso, digna de confiança. *Aquela* pessoa era um líder. *O* líder.

Será? Essa não é exatamente a definição de alguém que motiva os outros por meio de seus atos, seja diante de todo o mundo, seja – mais importante – a portas fechadas. Apenas não compreendo como ou por que algumas pessoas podem ser influenciadas com tanta facilidade por esses indivíduos, que na realidade não têm tanto assim a oferecer.

Como adultos, você e eu devemos entender as realidades do mundo e como certas entidades operam. Porém, se uma pessoa faz negócios com uma cobra ou tem alguma relação com ela, não deve ficar surpresa quando – não *se*, mas *quando* – a cobra se enrolar, mostrar as presas e atacar com a velocidade de um raio, liberando seu veneno.

Em termos pessoais, o que me irrita são aqueles que surgem como visionários gentis, mentores atenciosos ou honrados profissionais – mas são qualquer coisa, menos isso. Quando ouço as palavras Enron e Tyco, fico enfurecido. Aqueles executivos deliberadamente iludiram e tiraram proveito de inúmeros trabalha-

| 97 |

dores – *pessoas pelas quais eram responsáveis* – sabendo muito bem que elas haviam investido as economias de suas vidas – *repito, as economias de suas vidas* – porque acreditaram em quem estava em posição de responsabilidade.

E a parte triste não foram as dezenas de milhares de demissões, mas sim (espere um pouco, caro leitor – preciso parar e pegar um lenço) as lágrimas de crocodilo da esposa de um alto executivo que disse para a câmera de tevê: "Bem, o que fazer agora? É difícil para todos. Veja, vamos ter de vender uma de nossas quatro casas e o jatinho Gulfstream 550. Estou dizendo, são tempos duros para todos".

Tenha dó!

Sei que você sabe que na vida não há garantias, em particular no mercado de ações, mas, quando aqueles em posições de responsabilidade dizem: "Sigam-me, confiem em mim", deveriam pelo menos saber para *onde* estão indo. E, se eles se perdem, quando cometem erros, deveriam ser os primeiros a assumir a... qual é mesmo a palavra? Ah, sim: **responsabilidade**.

Pergunta: quando foi a última vez em que você ouviu falar de um grande figurão, daqueles que fizeram a loucura das pessoas, que depois de ter sido pego com a boca na botija admitiu sua culpa? "Em primeiro lugar, sinto muito por isso. Muito mesmo. Sei que prejudiquei muitas pessoas. *Eu* cometi erros. Sim, é *minha* culpa. E, não importa o que aconteça, tentarei corrigir as coisas. Mais uma vez, sinto muito e peço seu perdão".

Há ainda aqueles executivos que, quando as coisas ficam difíceis demais e os eventos saem de controle, puxam a alavanca vermelha e se ejetam da situação. Então, enquanto flutuam para longe, observam as coisas se desintegrarem, sabendo o tempo todo que contam com seus "paraquedas dourados" capazes de garantir sua segurança e suas necessidades.

Perdoe-me, caro leitor, pela minha linguagem bombástica, mas, como dizem meus amigos que orgulhosamente atuam na área do direito: "Se eles compram os ingressos, você é obrigado a lhes oferecer o passeio completo". É dessa maneira que vejo o plano de fuga dos CEOs: todos se arriscam – no amor, na saúde, no mundo dos negócios e em quase todos os aspectos do virtualmente desconhecido. **Nós nos arriscamos.** Para mim, ir além dos próprios limites é o que torna a vida mais estimulante. Nunca se sabe o que poderá acontecer a seguir.

Em minha opinião, particularmente no mundo corporativo, o último grande líder que realmente superou a norma, que assumiu muitos riscos e colocou os outros em primeiro lugar sem a ajuda de um paraquedas dourado, para não mencionar um plano secreto de fuga, foi Lee Iacocca, da Chrysler Corporation. Ele conseguiu recuperar a empresa aplicando métodos de bom senso, cortando custos indiretos desnecessários, atualizando técnicas e equipamentos e se atendo ao ideal de dias melhores à frente. Posso imaginar que o velho Lee pisou em alguns calos, falou honestamente e levou alguns socos no queixo, mas ninguém questionou sua sinceridade como líder.

E, acredite, ele fez tudo isso pelo astronômico salário de um dólar por ano. Lee deu tudo de si não em troca de incontáveis milhões, mas de cem centavos anuais. É claro que, como adulto, você pode avaliar que, quando a empresa se recuperou, o senhor Iacocca foi muito bem recompensado – como era justo –, mas somente depois que aqueles pelos quais ele era responsável receberam sua parte.

Vejamos novamente a premissa dessa última frase: *recompensado* por serviços e sacrifício. Recompensado, sim; porém, foi sob a condição de que aqueles que estavam sob seus cuidados tivessem suas necessidades atendidas em primeiro lugar.

Uau! Que conceito radical!

A GRANDE "LIDERANÇA"

Será que isso não se assemelha à posição mais vital como líder: a do pai ou da mãe? Será que os exemplos acima não o fazem lembrar de como alguém deve agir como esposo, parente, amigo, vizinho ou cidadão?

Aqueles que querem melhorar; que vivem segundo determinados padrões; que se ocupam – gostando ou não – de fazer em silêncio aquilo que deve ser feito, não importando a tarefa, o custo, o tempo necessário ou as probabilidades adversas; que seguem um exemplo e talvez, de vez em quando, dão uma ajuda aos outros, em meu entender são *líderes*. Os líderes de verdade. Pergunta: você vive liderando ou simplesmente flutua pela vida, colhendo poeira ao longo do caminho?

Pense nisso.

"Viver liderando": para mim, isso é semelhante a ser um bom pai. É por isso que gosto de pais solteiros. Como sabemos, às vezes a realidade da vida pode ser dura e injusta, quando não totalmente cruel e brutal. E é pior para um pai solteiro. Agora, dependendo do que você leu, ouviu ou observou, um pai solteiro médio tem pouco mais de 35 anos e 1,7 filho. Ele (ou ela) trabalha *no mínimo* quarenta horas por semana, alguns até mais de sessenta, e, embora quase todos tenham nível médio, a maioria ganha por volta de 34 mil dólares por ano. Acrescente a isso o fato de mais da metade receber pouco ou nenhum auxílio do outro genitor.

Não é fácil.

Contudo, não importando a crise do momento, os tempos difíceis ou o azar, eles nunca pensariam em dizer: "Ei, pessoal, cheguei – olhem para mim!" Esses pais são persistentes. Fazem as coisas acontecer. Aceitam a situação e tiram o maior proveito possível dela, se viram como podem, se necessário trabalhando até que as mãos e os joelhos sangrem, para fazer com que as contas fechem. Eles mudam as coisas. Por quê? Porque, para o bem ou para o mal, **essa é a função deles!** É sua única função. É a missão da vida deles!

Que outra opção tem essa gente?

Obviamente, pais solteiros não têm muito tempo a perder. Eles podem ter alguns momentos preciosos para si mesmos nas primeiras horas da manhã, antes que comece o caos, ou um pouquinho de tempo antes de suas cabeças encostarem nos travesseiros ao fim de mais um dia difícil, mas realmente conseguem fazer as coisas. No grande esquema das coisas, pais casados e pais solteiros mantêm o lar em funcionamento, fazem o melhor possível no trabalho e mantêm os filhos em segurança e sob controle, criando-os da melhor maneira possível. Para muitos não é fácil, é uma dureza – mas eles vão em frente. Nada de paraquedas dourados, nem de atalhos, nem de conspirar contra os outros visando exclusivamente ao próprio avanço. Trata-se apenas de fazer sua parte dia após dia. Para essas boas pessoas, fugir quando as coisas se tornam difíceis não é uma opção.

Para mim, essa é a liderança verdadeira, saudável e à velha moda: viver segundo um exemplo, ser altruísta e humilde, sacrificando-se pelos outros. Quando uma pessoa faz isso, seja para metas profissionais ou pessoais, sofrer é apenas uma parte da cruzada.

O mundo está cheio de histórias assim. Jamie Foxx, ganhador do Oscar de melhor ator no filme *Ray*, no qual tocou piano, dava crédito à sua avó por ter ajudado a educá-lo com valores morais saudáveis: "Ela me ensinou a me comportar e me ensinou o que era esperado de mim. Eu via como as coisas eram duras para ela. Seu amor e seu modo severo de ser ajudaram a me proteger de muitos problemas".

Há outra mãe afro-americana que criou três filhos completamente só, sem pedir qualquer tipo de ajuda, e assegurou que todos fossem à universidade, onde se formaram com honras. Dois dos filhos dessa senhora se tornaram médicos, ao passo que o outro tornou-se um proeminente advogado.

O mesmo pode ser dito da pessoa comum, que tem um emprego aparentemente sem futuro, com pouca ou nenhuma perspectiva, mas que não nutre nenhum ressentimento e ainda dá o máximo de si. Ou daquela pessoa que vive uma vida produtiva enquanto luta contra uma doença séria; ou das pessoas que estão neste exato momento servindo seu país, de soldados a generais, de bota no chão, cumprindo sua missão na guerra contra o terrorismo. Você lidera em silêncio, lidera pelo exemplo, mantém o queixo erguido e simplesmente faz o que deve ser feito!

No dia-a-dia, pode parecer que essas pessoas não estão realizando muito, nem fazendo avanços importantes. Pode nem parecer que valha a pena. No dia-a-dia você pode querer arrancar os cabelos e gritar a plenos pulmões, correr para uma caverna e se esconder para sempre. Na verdade, é normal sentir-se assim de vez em quando. É por isso que é importante purgar todas essas frustrações para que elas não cresçam e dominem você.

Porém, são os problemas do cotidiano que revelam a você e aos outros **quem** vocês são realmente e do que são feitos. Quando ninguém estiver olhando, quando você não se importar com o que os outros pensam ou deixam de pensar a seu respeito, quando puder se aceitar como é e aceitar aquilo que defende sem ostentação porque humildemente acredita que essa é a coisa certa a fazer, indo contra dificuldades insuperáveis, **esse** será o dia em que se tornará um verdadeiro líder!

Se qualquer das afirmações acima se parece com você, bem, meu amigo, para o bem ou para o mal, grande ou pequeno, você é um verdadeiro líder. Você acredita em si mesmo; tem uma causa a perseguir. E talvez não saiba, mas provavelmente tem o respeito dos outros. No mínimo, tem o meu.

Assim, respire fundo e, como diriam orgulhosamente os militares, cumpra seu dever. Neste momento o mundo está à espera de alguém como você.

MINHA PERSPECTIVA PESSOAL

Os heróis silenciosos

Aquilo era assombroso tanto quanto surreal. Depois de passar o dia todo na minha antiga escola primária, eu jantava com o homem que estava por trás de meu dramático resgate.

Mexia nervosamente na comida, mal fazendo contato visual. Nunca havia comido na frente de um professor, para não falar do homem que salvou minha vida. Apesar de Steven Ziegler ser um homem, para mim ele era um **professor**, meu professor. Enquanto os minutos se arrastavam, notei que ele também parecia um pouco irritado.

Desde que eu tinha chegado às sete da manhã, o senhor "Z" (como eu o chamava) não parava de me lembrar:

– Sei que tem uma longa viagem de volta até sua base aérea, mas há algo a cujo respeito quero realmente falar com você.

Não era preciso ser um gênio para descobrir do que se tratava. Porém, apesar de haver entrevistado vários professores para um projeto que posteriormente veio a se tornar meu primeiro livro, eu não queria estar lá, especialmente com o homem que me havia visto quando eu parecia mais um animal que um menino. Na última vez em que ele me vira, eu revirava latas de lixo atrás de comida, cheirava como se vivesse no esgoto e estava coberto de ferimentos. Agora, como homem casado e pai, o simples fato de estar na presença do senhor Ziegler, quase vinte anos depois, era para mim como ter uma audiência com o Papa.

Queria me antecipar a ele para que terminássemos logo com aquele assunto. Externamente, eu ostentava um sorriso forçado e bobo, enquanto por dentro me sentia completamente confuso.

– Senhor, eu... apenas queria lhe agradecer... por tudo o que fez por mim.

Como havia feito quando eu era uma criança magrela – e como sempre fazia quando parecia um pouco agitado –, o senhor

Z falou exatamente como Clint Eastwood.

– Aquilo não foi nada. Tudo o que fizemos foi chamar a polícia; basicamente, eles fizeram o resto – respondeu ele com voz grave.

– Mas o senhor não compreende... eu devo muito ao senhor e a outras pessoas. Vocês salvaram minha vida – deixei escapar, pensando nos outros professores, na enfermeira da escola e no diretor.

– Nós fizemos o que tínhamos de fazer, o que deveria ter sido feito – voltou a enfatizar o senhor Z.

– Mas... – continuei, querendo que meu professor entendesse, que se desse conta não só da seriedade da minha situação, mas também do quanto eu lhe devia.

– Não, pare com isso. Estávamos apenas fazendo nosso trabalho – disse ele com tristeza na voz. – Na verdade, deveríamos ter agido antes. Todos nós sabíamos da situação. Tínhamos que fazer alguma coisa. Mas naquele tempo as coisas eram diferentes. As leis... na verdade, na época *não havia* leis para proteger as crianças, e menos ainda de denúncia de maus-tratos. Repito, apenas fizemos nosso trabalho. Não foi nada demais. Foi exatamente o que você fez hoje.

Ele estava se referindo a uma criança com aparência de espantalho que me procurara depois das aulas naquela tarde. Num relance, vendo a maneira como o garoto ansioso balbuciava, como mantinha a cabeça baixa e os olhos inquietos de maneira defensiva e como procurava cobrir seus braços magros com seu casaco velho – apesar de fazer calor demais –, eu soube.

Tendo trabalhado num reformatório, vendo crianças que haviam sofrido os piores abusos, eu aprendera a ler as tentativas de encobrir a vergonha e o sofrimento. Quando meu professor continuou a falar sobre como eu havia assistido o garoto numa situação óbvia, ergui a mão para detê-lo.

– Foi como olhar para mim mesmo no passado. – Fiz uma pausa, refletindo sobre minha situação. Procurei afastar a emoção e disse o seguinte: – De qualquer maneira, eu apenas falei com o garoto e o encaminhei ao diretor. Fiz apenas o que...

– Exatamente. Você acha que não fez grande coisa. Fez apenas o que fizemos. Seja como for, o ano letivo está começando. Foi por isso que não identificamos o garoto. Teríamos feito isso, mas eles são muitos. Você disse alguma coisa em seu programa que o levou a procurá-lo. Você conquistou a confiança dele. Ele queria ajuda.

Você poderia tê-lo dispensado, não se esforçado para reconhecer os sinais, mas demonstrou preocupação, dedicou seu tempo, deu conselhos, fez com que ele se abrisse, e agora Deus queira que ele não tenha de enfrentar mais aquele inferno. Para mim, trata-se agora de um caso de polícia.

Tudo o que pude fazer foi concordar. "Sim, hoje agimos bem", pensei comigo, fazendo uma oração pelo garoto, de cujo nome não me lembro.

Enquanto o senhor Ziegler e eu continuávamos a comer, *ele* finalmente falou da vergonha desnecessária que carregou por causa da minha antiga situação por quase vinte anos. Enquanto aquela figura aparentemente durona e ausente se abria, sem querer deixei cair meu garfo. Antes mesmo que ele batesse no prato, assustando todos à nossa volta, comecei a chorar. A pressão de retornar aos mesmos lugares onde tudo tinha acontecido foi para mim esmagadora. Ajudar um garoto parecido comigo, vendo-o sentar-se no mesmo lugar e na mesma sala em que eu me sentara no dia em que havia sido tirado de casa, foi estranho. Naquele momento, quando meu professor me contou a respeito do incidente que finalmente o levou – e a seus colegas – a notificar as autoridades, não consegui me conter, em parte por vergonha de meus antigos comportamentos, que iam desde o enfrentamento de problemas constantes por furtar comida até minha aparência nauseante. Mais ainda, chorei pelo pequeno grupo que, na ocasião, havia se arriscado *muito* para me ajudar. O dia inteiro, eu vi a tristeza nos olhos de todos os adultos que me conheceram naquela época ou que se envolveram diretamente com meu caso.

Para ajudar a mitigar o sofrimento do senhor Z, confessei:

– Ela *iria* me matar. Sem dúvida. Eu sempre soube que um dia ela iria longe demais.

No íntimo de minha mente, revivi aquele sábado frio e chuvoso em que meus pais se separaram. Depois de largar uma caixa de papelão com os parcos pertences do meu pai, minha mãe se foi, deixando-o sozinho na chuva. Então ela afirmou friamente que era só uma questão de tempo.

Em voz baixa, revelei ao senhor Ziegler:

– Eu a vi há cerca de dois anos. Perguntei-lhe se *poderíamos* ter ido longe demais. Lembro que de repente ela olhou através de mim. Sem qualquer remorso ou compaixão, ela declarou: "Você precisa entender, David; *Aquilo* foi tirado de mim... em março de 1973. Eu estava planejando me livrar *Daquilo* naquele verão. O único problema era onde esconder o corpo, David".

Mais tarde, em frente ao restaurante, quando nos despedimos, o senhor Ziegler começou:

– Quando se é professor, à medida que os anos passam, não se tem ideia nenhuma... de como aqueles garotos irão se sair. Você ensina, questiona, orienta. Mas nunca fica sabendo. Contra todas as probabilidades, você se saiu bem. Continue questionando os garotos em suas palestras. Diga sempre ao seu filho que se esforce nos estudos. E saiba que todos nós temos orgulho de você. Continue com seu bom trabalho.

Quando chegou minha vez de me despedir e homenagear meu salvador, de repente senti-me em paz. Olhei dentro de seus olhos e assenti. Acredito que há ocasiões na vida em que as palavras sozinhas não conseguem expressar a profundidade dos sentimentos de alguém.

Tudo o que consegui fazer foi pegar a grande mão do senhor Ziegler, sacudi-la e dizer:

– Muito obrigado. De minha família para o senhor, muito obrigado!

Com sua voz de Clint Eastwood, ele respondeu:

– Pode me chamar de Steven.

– Nunca conseguirei fazer isso. O senhor é meu professor.

| 106 |

SUA PERSPECTIVA PESSOAL
Líderes verdadeiros?

- Quando você vê pessoas que *fingem* ser tão importantes, mas não passam de fachadas, como isso o afeta em termos do seu próprio conjunto de valores e de sua capacidade de liderança?

- Você consegue pensar em *"líderes"* que sejam movidos pela cobiça ou pela fama e que no final só terminam tendo seu castelo de cartas destruído, afetando aqueles que os cercam? O que pode aprender com a experiência deles para se tornar uma pessoa melhor e mais sábia?

- Como é possível "liderar pelo exemplo"? Como você poderia tirar proveito de seus valores e ampliá-los?

- Qual é o "dever silencioso" que você se sente obrigado a cumprir?

CAPÍTULO SEIS

AVANÇANDO

Nem todos podemos ser o presidente dos Estados Unidos, Bill Gates, Oprah Winfrey ou Arnold Schwarzenegger. E, desconsiderando os óbvios benefícios que essas pessoas obtêm com a notoriedade, você consegue se imaginar vivendo uma vida em que todos os dias cada coisinha que você faz (ou deixa de fazer) é examinada e dissecada pelo mundo inteiro? Quem realmente deseja ficar, mesmo que seja um pouco, no lugar dessas pessoas, com *todos* aqueles ônus constantes e responsabilidades sem fim?

Eu não.

De qualquer maneira, o que os outros fazem importa realmente? Importa o que eles têm, ou como escolhem viver suas vidas? Repito, algumas pessoas ficam tão preocupadas com quem está fazendo o quê e a quem que, quanto mais se transformam em *voyeurs*, mais se afastam de suas próprias vidas e da conquista de *suas próprias* capacidades!

Nos Estados Unidos, pelo menos, onde as oportunidades são grandes e os sonhos são superados, é possível ver as coisas acontecerem e não se ter ideia de como acontecem – ou então você pode *fazê-las acontecer*. Como diz a velha máxima do bom senso: lidere, siga ou saia do caminho!

Para mim, a liderança deve ser calma, silenciosa e feita pelo exemplo. Liderar não tem de ser uma coisa opressiva. Lidera-se de uma maneira despretensiosa quando simplesmente se faz o que tem de ser feito. Liderança **não** significa grandiosidade ou autoadmiração, mas sim melhorar e fazer aquela diferença singular, não importando o quanto o trabalho possa ser minúsculo ou cansativo. Para mim, liderança é defender quem você é assumindo o compromisso de ir até o fim, quer os tempos sejam fantásticos ou desfavoráveis. É a impressão que alguém deixa no curso de sua vida. Para mim, resumindo, liderança significa **valores essenciais**.

Como você provavelmente já sabe, mas precisa realmente prestar atenção, como líder você não tem de ser o amigão de todos. Apesar do que algumas pessoas possam fantasiar, liderar não é um concurso de popularidade. Pergunta: você já teve um colega de trabalho que trabalhava ao seu lado, foi promovido e, depois de algum tempo, começou a agir de forma um pouco diferente – muito menos brincalhona, muito mais seca e um pouco mais séria? Então, com o passar do tempo, você sentiu que seu antigo colega de trabalho, com quem tomava uma cerveja, que costumava lhe pedir as coisas de forma educada, agora lhe diz para concluir uma tarefa e você por dentro grita: "Para o diabo! Quem ele pensa que é? Ele se vendeu, agora é um deles. É parte do sistema!"?

Será que seu antigo colega de trabalho e amigo realmente mudou? Sim! Na vida, como em tudo, nada permanece igual, em especial no ambiente de trabalho. E sei que você sabe disso – pois não é burro –, mas nem lhe conto também como algumas pessoas ficam obtusas e irritadas quando outras são colocadas em posições de maior responsabilidade.

Você e eu já vimos isso acontecer. Quando eu era um adolescente que fritava hambúrgueres e meu colega foi promovido a gerente assistente júnior, as coisas mudaram. As brincadeiras acabaram de repente. E, embora Matt ainda fosse meu amigo, durante o trabalho, nos horários de pico, ele mudava de comportamento. Por mais elementar que possa ser esse exemplo, existem algumas pessoas que *não querem* aceitar o peso da responsabilidade e por isso criticam aquelas que recebem a oportunidade. Elas podem agir como crianças imaturas e dizer: "Matt, não gosto mais de você – você mudou". Então, lentamente a vida começa a passar por elas. E, enquanto os jovens Matts do mundo crescem e assumem mais responsabilidades, podem se voltar por um momento e dizer às pessoas que ainda estão na mesma função, com as mesmas responsabilidades: "Sim, eu mudei. Estou aprendendo, estou crescendo. Por que você não faz o mesmo?"

Lidere, siga ou saia do caminho.

Tem gente que assume e aceita responsabilidades, não importa se isso tenha ocorrido de forma premeditada ou se aquelas chances tenham caído em seu colo. Quando um pai ou mãe adoece de repente, um adolescente pode descobrir que a partir daquele momento deve tomar decisões e passar todo o tempo livre cuidando da família. Durante a Segunda Guerra Mundial, o então vice-presidente Truman, que muitos consideravam politicamente fraco e sem força para liderar, surpreendeu o mundo quando foi subitamente convocado à Casa Branca para ser empossado presidente. Mais tarde, ele murmurou: "Meu Deus, esteja comigo quando assumo este terrível ônus de responsabilidade". Para algumas pessoas, fugir de uma posição inesperada não é uma opção.

Mais uma vez, aqui não se trata de fanfarras, sinos ou assobios, mas apenas de gente comum que assume o compromisso de melhorar e fazer o que deve ser feito. Em nove entre dez casos, são *elas* que fazem as mudanças extraordinárias. E, em muitas dessas situações inesperadas, há pouco ou nenhum tempo. Nenhum tempo para chorar, correr ou desistir. Em algumas situações, quase não há tempo para pensar, que dirá para entender o turbilhão dos eventos. Quando a questão é assumir responsabilidades, a curva de aprendizado pode ser dramática e tudo parece estar atingindo você ao mesmo tempo.

Ao longo dos anos, tive o privilégio de conhecer milhares de líderes humildes: pais solteiros, CEOs, servidores públicos, oficiais de todos os níveis da segurança pública, atletas de alto nível. Passei um dia inteiro com um diretor da Cruz Vermelha durante os esforços de recuperação pós-furacão Katrina. Depois de avaliar um abrigo que acomodava milhares de famílias, fiz ao diretor a mesma pergunta que havia feito a todos os outros na mesma posição que ele. Sua resposta foi basicamente a mesma de todos que de repente se viram numa situação esmagadora, inesperada, e numa posição de máxima responsabilidade:

– Mesmo com todos esses anos de experiência e todo o treinamento recebido, nada pode de fato preparar alguém para uma coisa enorme como esta.

– Então o que *se faz?* – perguntei.

– Tudo o que dá. Preciso avaliar o que precisa ser realizado, como realizar a tarefa da maneira mais eficaz, com os melhores recursos disponíveis.

– E quando as coisas não vão bem? – perguntei, num leve tom de brincadeira. Ambos conhecíamos bem a magnitude da catástrofe.

– As coisas *nunca* vão conforme o planejado. Sempre há obstáculos inesperados. Então você faz adaptações. Mantém a cabeça erguida. Fica calmo. Aguenta o peso e vai em frente. Não se deixa distrair por elementos menores que podem prejudicar sua causa. Segue em frente sabendo que alguns dias serão melhores que outros, e alguns... você simplesmente nem sabe se está conseguindo empurrar para diante esta bola enorme. Assim, você precisa acreditar naquilo que está fazendo. Não naquilo que está *tentando* fazer, mas naquilo que está *de fato* realizando. Mesmo que seja somente um centímetro por vez, já é alguma coisa. É mais do que você conseguiu ontem.

"É preciso estar disposto a levar alguns golpes. De todos os lados, o tempo todo. Faz parte do trabalho. Às vezes você está completamente só. Noutras vezes precisa manter certa distância. Amigos são amigos, mas aqui estamos todos comprometidos com a execução da nossa tarefa.

"Você simplesmente faz o que deve ser feito até a vez seguinte, seja seu próximo turno, o próximo dia ou a próxima reação a um desastre."

Então ele deu um sorriso irônico e encerrou dizendo:

– E acredite, sempre há uma próxima vez.

Uau. Parece a posição de liderança de um pai (ou mãe). Porque há vezes em que uma mãe, um pai, avô ou responsável pode sentir-se como um velho sargento de artilharia numa área de responsabilidade operacional em combate. "Vamos lá! Pegue aquelas roupas. Limpe seu quarto. Leve o lixo para fora. Faça sua lição de casa. Nada de má-criação. Quero ver mãos ocupadas e bocas fechadas. Vamos terminar a tarefa!"

Pense nisso, na paternidade (ou maternidade): o infindável ritmo frenético, o barulho ensurdecedor, terminar uma tarefa só para depois pegar outra, mais situações difíceis surgindo, a falta de reação daqueles com quem você está tentando desesperadamente se comunicar, tudo isso enquanto você se sente completamente esgotado, sabendo bem que amanhã vai ser outro dia na aparentemente interminável campanha bélica de ser pai ou mãe.

Se você, caro amigo, é pai – sem superpoderes ou treinamento especializado, sem mestrado em qualificações gerenciais de elite ou voo cego e sem experiência de ir com a cara e a coragem –, talvez não tenha certeza de que está fazendo a diferença, e menos ainda de que está causando uma impressão. Você pode se perguntar se aqueles que o cercam são capazes de ouvir as palavras que saem da sua boca e, às vezes, nem sabe se seus comandados estão vivos. Mas, como ocorre nas operações de combate, *nunca deixe que eles o vejam sangrar*. Nunca permita que sintam o cheiro do medo. Nem que o vejam perder totalmente o controle. Sempre faça com que pensem que você sabe mais que eles. Lidere pelo exemplo!

Você é o pai, não eles, e você controla o oxigênio. Se eles dizem: "Pare de me dizer o que fazer! Isso não é justo!", diga-lhes: "Querido, você tem razão, mas é assim que é". Caso eles gritem com sua voz de sabe-tudo: "Mal posso esperar para sair desta casa. Você está me deixando louco!", fique calmo. Mesmo que eles ajam como se fossem de outro sistema solar, *mantenha a calma*.

Deixe que aqueles que o cercam percam o controle, enquanto você fica ainda mais tranquilo. Por quê? Porque você tem experiência. É uma pessoa de visão e sabe mais. Portanto, erga as sobrancelhas e, em tom calmo, mas firme, responda: "Deixá-lo louco? Bem... essa é a minha função. Não estou aqui para ser seu melhor amigo. Quando você tiver filhos, será sua vez. Aí você poderá deixá-los loucos. Mas, por enquanto, é assim que as coisas são. Agora, mexa-se!"

Como pai (ou mãe), você não cuida dos filhos somente nos fins de semana. Sua tarefa nem mesmo é *educar crianças*: é *criar adultos* responsáveis, independentes, produtivos e felizes.

Quer você saiba ou não, goste ou não, como pai, parente, responsável ou qualquer outra pessoa relacionada a jovens, você está comprometido com uma missão. Compreende a diferença?

Na vida, todo mundo precisa ter os mesmos traços básicos de liderança – a mesma disciplina, a mesma responsabilidade e a mesma determinação –, quer seja solteiro ou casado, divorciado, esteja na universidade ou trabalhe em um, dois ou muitos empregos. Quer esteja atento com a saúde, o tamanho da sua cintura ou o seu saldo financeiro. Pouco a pouco, dia a dia, mantenha a cabeça erguida. Você precisa permanecer firme em suas convicções. Precisa acreditar na sua causa. Precisa estar presente, algumas vezes indo contra o vento, contra qualquer coisa que o furacão lance sobre você, e continuar a progredir.

E ponto final.

Esteja avisado

Enfatizando mais uma vez, não é preciso ter a fama de um Schwarzenegger ou agir como um tirano que governa milhares de pessoas para ser "o maioral". Assuma seu compromisso e não desista. Lidere pelo exemplo. Lidere em silêncio. Simplesmente faça aquilo que deve ser feito.

E, ao definir o curso, sinalizando o que irá e não irá fazer, tenha em mente que haverá pessoas que – certamente – zombarão de você. Quer com frases mesquinhas ditas na sua frente, quer com observações cruéis ditas pelas suas costas, haverá aquelas que terão imenso prazer em lhe criar dificuldades e fazer com que cometa erros. Não ligue. Não se deixe abalar por coisas bobas que em pouco tempo nada significarão, mas que podem distraí-lo ou fazer com que perca o foco.

Lembre-se: se liderar fosse fácil, todo mundo estaria fazendo isso. A verdade é que, não importa a razão ou a desculpa, há algumas pessoas que simplesmente não conseguem progredir. Quer porque sejam preguiçosas ou porque tenham desistido de si mesmas, elas decidiram parar de se esforçar (ou talvez nunca tenham tentado). Como você sabe, algumas talvez carreguem profundos ressentimentos. Quanto mais *você* se esforçar, quanto mais obtiver sucesso, mais inferiores *elas* poderão se sentir. Também há quem leve uma vida terrível de miséria permanente. Como caranguejos tentando sair de um balde, essas pessoas automaticamente tentam subir agarrando-se a qualquer coisa, lutando para sair do seu poço de desespero.

Não estou desrespeitando ninguém, pois há muita gente boa que vive à margem da vida. Nem todos podem ser campeões mundiais. Estou somente tentando informá-lo de que, quanto mais se esforçar para realizar as coisas, quanto mais definir o ritmo, mais as coisas podem se tornar confusas e políticas.

Quer se trate de parentes, colegas de trabalho, do pequeno exército de filhos com necessidades e níveis de maturidade diferentes, que se trate de compromissos comunitários, você irritará algumas pessoas. É algo que você precisa aceitar.

O QUADRO GERAL

É por isso que você precisa ter uma visão – que *você* conceba, *você* alimente e *você* se esforce para realizar. Não importam as dificuldades, você deve se manter firme. Não importa o que os outros digam ou façam, não importam as dúvidas, você precisa saber, no fundo do coração, qual é a verdade e por que você faz o que faz. E isso deve bastar. Como homem espiritualizado, acredito nisso: se sua força superior estiver a seu favor, quem ou o que poderá estar contra?

Como diziam nossos corajosos homens e mulheres na Guerra do Vietnã quando a situação ficava feia: "Mantenham a fé, irmãos e irmãs. Mantenham a fé!" Mesmo que você esteja só num vasto campo de destroços que se estende até onde a vista alcança, em meio a caos e sofrimento humano inimagináveis, se tudo o que puder fazer for progredir um centímetro, se isso for o melhor que pode fazer, então aceite o fato de que pelo menos você está lá, de que **você está fazendo** alguma diferença. Arregace as mangas, deixe as críticas de lado e acredite que você está realmente fazendo o que deve ser feito. Sem elogios ou tapete vermelho, apenas com visão e um bom coração.

Isso deve ser suficiente.

MINHA PERSPECTIVA PESSOAL

Acelerar e melhorar

Eu tinha tudo e muito mais do que imaginava. Com vinte e cinco anos, estava casado, tinha um filho que adorava e era remunerado pelo trabalho mais surpreendente que jamais poderia imaginar: reabastecimento no ar para o Blackbird SR-71 da Força Aérea dos Estados Unidos.

Nada de monotonia nem de horários normais de uma vida comum. Nada disso! Eu era designado para voar várias vezes ao dia, conforme as necessidades, e cada voo ou missão era um turbilhão de aventura.

Para mim, até ir ao trabalho era bom. Eu vestia meu macacão de voo verde, minha echarpe xadrez, beijava minha mulher, abraçava meu filho e dirigia até a base aérea em meu SUV, curtindo o ar fresco enquanto ouvia minha canção favorita.

Eu realmente vivia o melhor de dois mundos. Tinha em casa uma família maravilhosa que ficava em segurança e era bem provida, e uma outra família, minha tripulação de voo, que consistia do comandante, um jovem copiloto, um navegador e eu, o operador da haste. Éramos basicamente inseparáveis. Passávamos horas planejando os mínimos aspectos de cada saída, desde o momento de acionar um determinado interruptor até o que fazer em caso de uma emergência catastrófica. A mentalidade de "mesma tripulação" era inerente à natureza de voar: os laços de confiança poupariam não só segundos cruciais, mas também, em caso de um acontecimento imprevisto, mais vidas do que apenas as da tripulação.

Tendo sobrevivido à minha infância, dado duro para tentar me encaixar como filho adotivo e me sentido humilhado como cozinheiro nos pântanos da Flórida, eu, então com os demônios internos pacificados e alguns anos de experiência nas costas como membro certificado de uma tripulação de combate, havia *finalmente* começado a me sentir bem comigo.

Cada vez que retornava de um voo exaustivo para os alojamentos da base, eu me sentava em minha cadeira de balanço no terraço, revendo os eventos da missão e agradecendo a Deus por me conceder tantas bênçãos. Não havia nada de que eu gostasse mais do que ver meu filhinho vir pela rua com sua bicicleta vermelha com rodinhas laterais, ou vê-lo brincar com os outros garotos da vizinhança em meu quintal, ou, em nossos momentos de intimidade, jogar beisebol com ele.

No final de um longo dia, depois de ler e levar Stephen para a cama, eu desabava na frente do televisor e ficava pulando os canais com velocidade supersônica. Quando assistia aos noticiários, via como partes de Los Angeles se pareciam mais com uma zona de guerra no Oriente Médio, devido às drogas e à violência das gangues. Como muita gente, eu via a carnificina e ouvia o som, ou simplesmente mudava para outro canal menos ameaçador. Muito de vez em quando, ao surfar pelos canais e me deparar com o noticiário nacional, assistia a uma reportagem sobre alguma criança que fora trancada numa gaiola no porão, ou sobre uma garotinha que fora violentada pelo padrasto, ou sobre três irmãos que ficaram enjaulados num celeiro durante anos sem que os vizinhos não tivessem a menor ideia de que eles existiam. Na maior parte dos casos, quando via os resultados dos tiroteios e os rostos perdidos de crianças inocentes, ao mesmo tempo em que fazia uma prece rápida eu agradecia a Deus pelo fato de "aquelas coisas" não acontecerem onde eu vivia.

Quando ouvi aquilo pela primeira vez, o eco, o som característico vindo do outro lado da rua, tive certeza. Gritos de uma mãe enfurecida. A linguagem pútrida e cheia de ódio que ela despejava em sua filhinha em idade pré-escolar, que às vezes brincava com meu filho. A seguir, os tapas. Seguidos dos gritos – não o choro lamentoso de uma criança depois de cair ou quando não quer ir para a cama, mas gritos de arrepiar. Finalmente o som do terror era cortado instantaneamente, como se alguém estivesse tapando a boca da garotinha. Em minha mente, como fazia quando vivia no porão, liguei o interruptor, entrando em modo "protetor de combate".

Durante mais noites do que consigo lembrar, Patsy e eu conversamos a respeito da garotinha. Concordamos em que a mãe era abusiva. Patsy acabou atribuindo aquilo à pressão de ser uma dependente de um militar, insatisfeita e meio "barulhenta". Também apaguei da memória o episódio, pois logo eu seria enviado à Ásia, onde ficaria por mais de um mês. Mas sempre que Patsy e eu conversávamos, ela tocava no assunto daquela garotinha.

Durante anos eu havia feito o possível para manter meu passado obscuro a distância. Tinha até mesmo *mentido* a respeito quando fui entrevistado para minha liberação para assuntos de alta segurança. Cometi perjúrio deliberadamente. Quando me perguntaram a respeito da minha infância, amenizei a resposta, dizendo que tudo havia sido basicamente normal, só que eu não me *entendia bem* com minha mãe.

Eu estava perfeitamente ciente de que a mentira era intencional. Que, se fosse descoberta, não só me faria perder minhas preciosas asas, mas que eu também estaria sujeito à punição do Código de Justiça Militar dos Estados Unidos. Eu sabia o que estava fazendo e me arrisquei. Preferi assumir o risco da mentira ao de ser impedido de voar devido a uma extensa "avaliação psíquica" e ter de abrir o cofre do meu passado.

Com o passar do tempo, aquele ato tornou-se uma questão de equilíbrio.

Em casa, eu podia cortar a grama, lavar o carro, surfar nos canais de tevê, cuidar das finanças e dedicar tempo à minha família. No trabalho, tinha controle absoluto sobre seis a oito aviões dentro de um determinado espaço aéreo em determinado momento. Com minhas qualificações, meu treinamento e minha paixão, eu conseguia efetuar o preciso "contato" entre aviões no ar com minha haste de reabastecimento, o qual era extremamente perigoso, semelhante a um balé aeronáutico.

| 119 |

Eu queria, com cada grama do meu ser, manter trancada a caixa de Pandora nas profundezas do oceano, mas de algum modo sabia que não poderia fazê-lo. Finalmente meus olhos, meus ouvidos e meu coração se abriram para tudo aquilo que sempre havia turbilhonado à minha volta. Uma noite, quando estava ajoelhado ao lado da cama de Stephen, que dormia pacificamente, clamei por orientação. Em pouco tempo ela veio até mim, graças a uma série de eventos consecutivos: ouvi falar de um pai que matou e a seguir enterrou seu filho e foi capturado anos depois e que, durante a fase de determinação da sentença, chorou no tribunal alegando que precisava usar drogas e disciplinar seu filho porque ele também fora vítima de abusos quando criança; fiquei sabendo de outros casos bizarros; e soube o que acontecia do outro lado da rua em que eu morava. Como questão de moralidade, a situação ficou insustentável.

Em parte devido à minha infância e também às minhas experiências militares, onde vi a vida de pessoas de outros países e como elas funcionavam, eu sinceramente acreditava no espírito do sonho americano: a oportunidade para melhorar a si mesmo e superar qualquer obstáculo, ser livre de opressão e viver a vida que cada indivíduo escolhe para si.

Eu me orgulhava muito de minha carreira. Por menor que fosse minha parte no grande esquema geral das coisas, graças a meus esforços dedicados e heroicos, a meus atos e à seriedade do meu juramento de alistamento, eu contribuía para a proteção e preservação do meu país. Contudo, num nível mais direto, eu nada fazia. Tinha optado por não fazer absolutamente nada pelas pessoas que estavam próximas e precisavam realmente de auxílio.

Embora soubesse de gente que realizava uma vez por ano uma vigília à luz de velas e depois seguia cantando até os degraus do capitólio para "recuperar a noite", por mais dramático e sincero que aquilo fosse eu me sentia obrigado a fazer um impacto de certa forma mais concreto.

Mas eu não tinha ideia nenhuma do que poderia oferecer. Não tinha um "plano mestre", na verdade não tinha plano nenhum. Apenas segui meu coração. Senti que, com meu passado e minha energia, eu poderia ajudar muito mais do que passeando à noite com estranhos; poderia falar a respeito dos horrores da injustiça e também levar uma vela. Desse modo, fui a todas as agências da minha área, pedindo para ajudar diretamente em qualquer nível. Finalmente, mas só depois de provar totalmente minha competência, minha persistência compensou. Depois de algum treinamento e de conhecer o pessoal de vários departamentos, passei a trabalhar no centro local de detenção de jovens. Com o passar do tempo, deixei de fazer trabalho voluntário em agências de prevenção de abusos contra crianças e em prisões para fazer palestras em faculdades de todo o estado sobre como aqueles que sofreram quando jovens podem e devem superar seus problemas e recuperar sua vida.

Em menos de dois anos eu deixara de ter uma rigorosa programação de voos que me mantinha de seis a nove meses fora do país para incorporar não só uma programação de trabalho no centro de detenção, mas também uma agenda repleta de aparições voluntárias. Cheguei ao ponto em que programava uma preciosa licença militar para dirigir nove horas e fazer mais trabalho voluntário.

Quanto mais eu me envolvia, mais aprendia como cresciam o abuso de crianças e seus efeitos colaterais. Comecei a sentir que não poderia fazer o suficiente. Depois de um dos meus voos na força aérea, eu podia até tomar uma cerveja ou Coca e rir com minha tripulação. Em casa, podia até jogar bola com meu filho e ter um jantar maravilhoso com minha família. Contudo, depois de ser reexposto à escuridão, no fundo de minha mente, quando eu estava só comigo, um manto de culpa se enrolava em mim. Comecei a me sentir mal pelo fato de que, enquanto eu estava seguro e saudável, havia tantos que, naquele momento, suportavam sofrimentos indescritíveis.

Entre Patsy, meu filho, minha família na força aérea e minha campanha, eu me sentia puxado para todas as direções. E, para culminar, com o tempo aquilo que eu fazia gerou um reconhecimento indesejado: um elogio do presidente Bush pai, uma visita ao ex-presidente Reagan e também o prêmio de Voluntário do Ano.

Por mais que tivesse me aberto para Patsy, eu tinha vergonha de informá-la por que era tão dedicado. Quanto à força aérea, a cada dia aumentava o medo de meu passado ser descoberto. Nunca pressenti que houvesse algo de errado. E, se pressenti, estava demasiado absorto para prestar atenção. Com pouco mais de trinta anos, eu havia deixado a força aérea, trabalhava em tempo parcial no mesmo centro de detenção e, para ajudar a pagar as contas, lixava portas por cinco dólares a hora. Mesmo com nossas finanças esticadas até o limite, eu ainda sentia a necessidade de fazer o máximo possível de trabalho voluntário. No final, em parte devido a tudo o que eu fazia por estranhos sem contudo me dedicar à minha própria família, Patsy e eu nos divorciamos.

Mudei-me para uma cabana de verão com um só quarto que era no mínimo vinte anos mais velha que eu, e um dia me vi sentado nos degraus do terraço, tremendo até os ossos sob as altas sequoias. Na metade do meu primeiro inverno, ponderei sobre meu passado e meu futuro certamente triste. Mesmo depois de receber o prestigiado prêmio Outstanding Young Person of the World semanas antes, eu estava desanimado e me sentia inadequado de muitas maneiras, mais do que eu poderia contar.

Desde criança, eu me esforçava para ficar longe das trevas. Como jovem adulto mantive o padrão, só que com muito mais intensidade. Meu foco sempre fora o esforço sincero para melhorar. Eu não queria ser engolido pelo meu passado, como vira acontecer com muitas pessoas. Mas, depois que soube, em meu coração, que muita gente estava sofrendo, não podia mais ficar de braços cruzados. Eu acreditava que, depois de suportar tudo o que eu havia suportado, permanecer passivo era a pior coisa que poderia fazer.

Assim, sentado nos degraus úmidos da escada, com a chuva se infiltrando em minhas roupas, rezei por aqueles com quem gostaria de estar. Agradeci por ter um teto para me abrigar e um colchão de ar onde me deitar. Eu tinha mais que outras pessoas. Por mais triste e sozinho que me sentisse, eu era grato porque, no mínimo, por certo período de minha vida, eu tivera mais do que qualquer um poderia ter sonhado.

Quando me levantei e sacudi a água da chuva, rezei em busca de orientação. Acima de tudo, depois daquilo pelo que eu havia passado e depois de tudo o que tinha tentado fazer, deveria haver uma razão. Tudo aquilo deveria fazer parte de um plano mestre.

Fechando a porta atrás de mim ao entrar na cabana, orei por um sinal.

SUA PERSPECTIVA PESSOAL
Avançando

- Na era das notícias instantâneas e incessantes, você sente que necessita de reconhecimento público para ser encorajado a prosseguir? Caso ninguém reconheça aquilo que você faz, você se pergunta se está realmente fazendo diferença? Ou prefere trabalhar em silêncio nos bastidores e acha que, mesmo que nunca esteja sob as luzes da ribalta, você é mais propenso não só a participar de um projeto, mas também a levá-lo a cabo?

- Seja nos aspectos pessoal ou profissional da sua vida, você se enxerga mais como aquele que precisa liderar e assumir as responsabilidades?

- Você se acha desorientado, alguém que "segue" a multidão? Em caso positivo, você o faz em parte porque se sente mais seguro assim? Será que em parte teme sair da sua zona de conforto?

- Você é do tipo que prefere ficar sozinho com as cobertas erguidas sobre a cabeça enquanto a vida passa?

- Quando você se conscientizou dos traços acima? Existe algum deles que seja mais dominante que os outros? Nesse caso, você seria capaz de fazer ajustes para tornar sua vida mais equilibrada?

- Lá no fundo, por trás de todos os sorrisos e do fingimento alheio, você percebe que há alguns indivíduos que não estão preocupados com o interesse dos outros? Isso o deixa intimidado? Se sim, em que medida?

- Sabendo que outras pessoas podem estar contra você, até que ponto você estaria disposto a assumir sua missão?

- Pelas realizações que já conquistou, olhando para trás de forma objetiva, você sente que elas valeram o tempo, a energia, as oportunidades perdidas e os momentos da vida impossíveis de serem recuperados?

- Apesar de estar atingindo o resultado que deseja, o que você poderia ter feito de maneira diferente? Como isso irá afetar seu próximo projeto?

- Não importando o preço pago ou o resultado dos seus esforços, você consegue ao menos se autoatribuir algum crédito por ter avançado e melhorado?

CAPÍTULO SETE

O VERDADEIRO MENTOR

Imagine a atravancada cabine de um avião de reabastecimento de combustível da Força Aérea dos Estados Unidos, no momento imediatamente anterior a uma aterrissagem de treinamento.

– Avião-tanque, rumar para dois, nove, zero – instrui uma voz.

– Afirmativo, controle de tráfego aéreo; rumando para dois, nove, zero.

– Copiloto, aqui fala o piloto: observe a altitude, você está um pouco baixo.

– Entendido. Elevando a altitude.

– Copiloto – digo eu, sentado entre o piloto e o copiloto, mas atrás deles –, você está um pouco lento; eleve a potência.

– Afirmativo. Elevando.

– Avião-tanque, novo rumo: três, um, zero; vire à esquerda **imediatamente**.

– Copiloto, baixe o trem de pouso – ordena o piloto.

– Copiloto – acrescento –, baixe os *flaps* para trinta graus. Verifique as bombas de combustível dianteiras. Verifique a velocidade.

– Verifique seu ângulo de ataque! – avisa o piloto, elevando a voz.

– Afirmativo – você, como copiloto, se irrita enquanto enxuga as gotas de suor que caem em seus olhos cansados. – Efetuando.

Trem de pouso baixado. Bombas de combustível ligadas... elevando velocidade... elevando altitude... virando para três, dois, zero..."

Então, sem qualquer aviso, a cabine se enche com uma única palavra – do piloto, do navegador e minha: "Abortar!" Uma fração de segundo depois, o controle de tráfego ordena: "Avião-tanque, aborte sua aproximação. Aborte. Dê a volta. Dê a volta."

De repente o piloto instrutor assume, nivela instantaneamente as asas, aplica o controle adequado ao leme e conduz o avião para o rumo certo, ajusta a velocidade e reajusta os *flaps*. Tudo em questão de dois ou três segundos, como se estivesse espantando uma mosca do seu ombro. Então, em tom de pretenso desapontamento, o veterano aviador se inclina para você, o suado copiloto de 23 anos, e escarnece:

– O **que** diabos você está fazendo? Está pilotando este jato ou é ele que *pilota* **você**?

Agora, caro leitor, permaneça no ar por mais um instante e imagine todo aquele barulho enchendo seus fones de ouvido, que têm dois rádios diferentes gritando sobre você comandos breves de duas agências diferentes ao mesmo tempo, além de três outros membros da sua tripulação observando, dissecando, avisando e lhe dizendo não só o que fazer, mas quando e onde executar sua tarefa. Uma de suas mãos tenta dirigir o avião, enquanto a outra se atrapalha com uma gama infindável de interruptores e manetes de combustível, e durante todo esse tempo seus olhos se esforçam para permanecer focalizados no interior da cabine e na pista de pouso lá fora.

Além disso, você é praticamente uma criança – ainda tem um pouco de acne no queixo e talvez um ano de experiência na força aérea, o que significa que acabou de sair da faculdade – e agora tenta empurrar um enorme aparelho de metal que começou a voar trinta anos *antes* de você nascer, transportando até quarenta toneladas de combustível altamente volátil. E esta é a última hora do seu dia, que começou há dez horas.

Ufa!

Assumir o controle ou mesmo tentar apenas administrar a vida – amor, amigos, trabalho, casa, saúde e seja lá o que for... uau! É intenso. Opressivo. Para alguns, totalmente inimaginável. Mas Deus abençoe quem se prontifica a ajudar ou se amarra na poltrona de algo maior que eles mesmos. Deus abençoe aqueles que pelo menos fazem uma tentativa.

Entendo que alguns leitores possam pensar que o trecho acima seja apenas um extravagante ritual machista e distorcido de um membro da tripulação. De maneira nenhuma! Nada estaria mais distante da verdade. O exemplo acima é na realidade uma lição de gerenciamento. Gerenciamento do tempo, do foco e dos recursos de uma pessoa. Aprendizado de como conduzir, e quando regular, uma sequência no desempenho de uma tarefa. Uma lição valiosa sobre como se posicionar e acertar a bola sete da vida.

Pense nisso.

Lembre-se disto: *você não poderá liderar se não conseguir gerenciar*. Seja em céus ensolarados ou contra ventos tempestuosos, é você quem define seu destino, mantém seu curso e conserva suas convicções. Na vida, ou você está no comando ou não passa de carga usada para lastro, ou seja, peso morto.

Vem então a pergunta: na **sua** vida, neste exatíssimo momento, você está pilotando seu jato? É o capitão do seu navio, ou está vagando em estado letárgico? Você é apenas um passageiro sem vida, um observador cego para o mundo, sendo jogado de um lado para outro como uma boneca velha?

Certamente espero que não.

Creio de coração que quase todas as pessoas desejam simplesmente viver a vida à sua maneira, fazendo suas coisas pelas suas próprias razões. E, na maior parte dos casos, constato que elas desejam melhorar. Melhorar a si mesmas e ao seu ambiente. Honestamente, não posso dizer que tenha conhecido muita gente que veio a mim dizendo o quanto anseia por alguém ou algo que decida a vida por elas.

Escolher por si mesmo, viver como você deseja: para mim isso soa como liberdade. O que você acha? Gerencie as coisas pequenas e aparentemente insignificantes a fim de poder dirigir os assuntos mais importantes da vida. Isso não acontecerá da noite para o dia, mas, se você for consistente, irá acontecer. Aprenda a caminhar antes de tentar correr uma maratona.

Contudo, o que me causa constrangimento, às vezes beirando uma intensa apreensão que me faz querer arrancar os cabelos, é que há pessoas que vivem por muitos e muitos anos sem ter qualquer tipo de ambição. Elas não têm metas para melhorar a si mesmas nem ao seu ambiente, para não falar em ajudar os outros. Prepararam todas as desculpas e calcularam, às vezes com grande malícia, cada ângulo da sua indulgência egoísta, ao mesmo tempo em que apontam um dedo acusador para as outras pessoas. Na verdade, graças às suas próprias decisões, suas ações *e/ou* inações, elas deixaram de avançar. Contudo, de um momento para outro, com paixão e vigor, elas se transformam em sabe-tudos, em grandes *especialistas* em um assunto. Esse tipo de gente, de uma hora para a outra, possui um vasto conhecimento e praticamente exige que você, caro leitor, ouça e aceite suas palavras sobre como você agora deve viver!

Mas o que é isso, em nome de Deus? Talvez eu esteja louco, mas para mim isso nem chega perto da boa liderança, do bom gerenciamento ou mesmo do direito de propriedade.

Não estou sendo insensível, mas conheço pessoalmente um indivíduo, que chamaremos de E. M., que trapaceou, mentiu e enganou gente de todos os níveis – de membros da sua família, inclusive um avô idoso e um irmão deficiente mental, a amigos e associados profissionais. E. M. foi expulso com desonra das forças armadas poucas semanas depois de se alistar, teve contra si várias ações judiciais e processos por dirigir sob o efeito de drogas e solicitou proteção contra pedidos de falência até mesmo por parte do avô, que lhe *emprestou* o dinheiro para entrar com a papelada do pedido de proteção.

E. M. tem claramente inveja das pessoas que não só resolvem seus problemas depois de anos de muito trabalho e sacrifício, mas que estão hoje felizes com suas vidas. E. M. sente-se "deixado para trás" em comparação com todas as outras pessoas. Como se isso não bastasse, sua atitude é indescritivelmente arrogante. Se alguém menciona suas transgressões passadas, a resposta imediata é: "Fo...-se. Comigo é ou dá ou desce". E. M. vive em busca de atenção, inventando situações nas quais, é claro, ele está no centro – que vão da morte de familiares até quase ser uma vítima do sequestro das aeronaves do atentado do 11 de Setembro. Mais tarde, ele jactou-se de haver escapado graças às suas "premonições".

(Graças a Deus!)

E. M. justifica a bebida, as drogas, as trapaças e a carreira de destruição com o fato de ter um passado negro. Isso *realmente* me incomoda. Ninguém é perfeito; todos nós temos em nosso passado algo de que não nos orgulhamos. Mas o que me deixa doente é quando alguém como E. M. de repente, sem remorso, sem se emendar, sem ajudar os outros, sem nenhum treinamento, *decide* se transformar no mestre, na superentidade que todos devem ouvir e servir.

Talvez você tenha conhecido um E. M. em sua vida. Alguém que, em vez de se esforçar para melhorar uma situação negativa, usa-a como desculpa não só para permanecer na desgraça, mas também para ampliá-la com seu comportamento autodestrutivo. Gente desse tipo parece achar que a sociedade está *em dívida com elas* porque elas sofreram. Podem até ter ressentimento de você por acharem que não sofreu tanto quanto elas, ou porque não conseguem sair da sua situação, enquanto você se esforça por fazê-lo: elas incorporam aquele velho ditado – a desgraça adora companhia.

Quando consegui finalmente romper algumas camadas do ego defensivo de E. M. durante um de muitos telefonemas, a resposta que recebi foi:

– David, você teve sorte. Foi tirado de lá. Eu não fui. Você *não faz ideia* do que foi.

"Está bem", pensei comigo. Mas eu não diria que tive sorte por ter sido submetido ao meu passado. Contudo, para ser honesto, foi horrível o fato de que, enquanto eu era tirado de casa e colocado aos cuidados do serviço social, nada foi feito para salvar ou proteger meus quatro irmãos, que tiveram de enfrentar a ira de minha mãe. Isso me perseguiu constantemente a maior parte de minha vida.

– O que aconteceu? – sondei. – Conte-me, por favor. Quero realmente entender.

– Você acha... acha que foi o único? – soluçou E. M., como se fosse começar a chorar a qualquer instante.

– Por favor – pedi sinceramente –, conte-me. Foi físico? Você foi espancado?

– O quê?

– *Seu* abuso. Você foi torturado? Era espancado constantemente? Era deixado sem comer? – perguntei, lançando todos os exemplos que podia, esperando estimular qualquer tipo de resposta.

– Não... É claro que não.

– Está bem – prossegui. – Você sofreu abuso sexual, estupro, foi molestado, tocado, alguma coisa do gênero?

– Não! – gritou E. M. em tom ressentido.

– Bem – retruquei. – O que diabos aconteceu?

Depois de alguns segundos, E. M. respirou fundo. Foi quando achei que estávamos perto de um grande avanço. "Graças a Deus", pensei, "agora E. M. poderá começar a resolver seus problemas".

– Gritavam comigo. O tempo todo. Eu era estapeado. Chamado de burro. Diziam que eu era feio, que meus cabelos ruivos eram repulsivos. Eu era perseguido por toda a casa. Era ameaçado. Mas reagia. Fizeram com que eu me sentisse inferior. Que pensasse que não era esperto, que não era bonito.

"Bonito?", pensei comigo enquanto continuava a prestar atenção à voz no outro lado do telefone.

No final da longa e arrastada conversa, eu queria muito acreditar que havia aberto uma brecha na armadura defensiva daquela pessoa. Pelo menos, era um começo. Para mim, nada justificava os delitos de E. M. nem sua atitude de superioridade, mas agora eu tinha algo para unir os pontos a respeito de por que aquele indivíduo precisava de tanta atenção. Eu sabia que E. M. havia de fato sofrido abusos físicos e psicológicos. Não havia dúvidas a esse respeito. Mas, enquanto seus irmãos adotaram um caminho mais honrado e desafiador de trabalho duro e coragem, E. M. fugiu às responsabilidades, trapaceando de todas as maneiras possíveis, *optando* simplesmente por um caminho diferente.

Puxa. Preciso tomar fôlego.

Acredito que não haja uma pessoa neste planeta que não tenha sido afetada por alguma situação terrível e imerecida. Felizmente, nós aprendemos, crescemos, mudamos as coisas e as melhoramos. Para mim, isso é liderança: estabelecer padrões a partir de uma experiência sólida e por meio de bons exemplos. O que não posso tolerar é alguém que, de repente, passa a acreditar que merece liderar simplesmente para receber as luzes do reconhecimento porque, quando era préadolescente, alguém fez com que se sentisse inferior e o fez pensar que não era atraente.

Sim, caro leitor, esse *homem de meia-idade* culpa os outros pelo resultado de sua vida, pois sempre acreditou ser superior e merecer admiração. Até hoje ele faz questão de não fazer nenhum pedido de desculpas ou de reconciliação; contudo, ainda quer, exige o respeito alheio e anseia por ele, acreditando que é uma pessoa qualificada para liderar.

Pessoalmente, acho isso repugnante.

Mas espere, caro leitor – por favor, não pense que estou dando um golpe baixo. O exemplo acima não me dá nenhum prazer, mas acompanhei pessoalmente o caminho de destruição desse indivíduo por muitos anos. E espero de todo coração que ele resolva seus problemas, cresça e se torne um membro saudável e útil da sociedade.

Contudo, em minha opinião, uma pessoa deve caminhar muitos e muitos quilômetros, desconhecidos e não divulgados, antes de pensar em dizer aos outros como devem amarrar seus sapatos. Caro leitor, por você ser alguém que trabalha duro, que ao menos procura melhorar, a pergunta que lhe faço é: *o que você acha?* Ter um princípio é uma coisa. Querer fazer algo pelos outros é legal. Deixar de lado os episódios do passado é de fato outro belo gesto. E, se as intenções da pessoa são verdadeiras, ela merece todo o respeito. Mas ajudar e liderar são coisas que levam tempo. É necessário um compromisso sincero, *permanente.* Definir o ritmo é basicamente definir a maneira de viver.

Os desafios da vida e do tempo testarão seu vigor, talvez para avaliar, de um modo estranho, se você de fato é merecedor da causa.

Não estou tentando puxar o tapete de ninguém, mas para ser pai, para gerenciar uma equipe profissional, para enfrentar uma injustiça ou para manter-se fiel a um padrão é preciso mais responsabilidade e empenho do que muita gente está disposta a oferecer. Porque existem aquelas pessoas que querem somente assumir o controle do Barco da Esperança e comandá-lo sob céus azuis e mares lisos como vidro, em vez de pilotá-lo em águas revoltas e espumantes.

Isso nos leva à pergunta óbvia: você está pronto para isso? Está à altura do desafio, da solidão, do sofrimento, da zombaria alheia e da frustração que somente você e Deus irão entender? Será que pode e quer resistir à tormenta do desespero quando as coisas não forem bem?

Tem gente que faz as coisas parecerem fáceis. Tiger Woods é um nome que me ocorre. "Puxa, deve ser tão difícil ficar lá jogando golfe para ganhar a vida", podem dizer algumas pessoas em tom de zombaria. Pois eu lhes digo: vão até lá fazer vocês mesmos. Não se esqueçam de que esse homem vive batendo aquela bolinha desde antes do jardim-de-infância *todos os dias.* E não vamos esquecer que seu pai Earl não podia pisar em alguns da-

| 134 |

queles campos de golfe porque, *oh, meu Deus*, Earl Woods (que foi bom o suficiente para servir seu país como oficial da Força Aérea dos Estados Unidos) era negro. Mas agora Tiger, depois de anos e anos de compromisso firme e grandes sacrifícios, faz tudo parecer tão fácil, como um verdadeiro líder no esporte. Ele é uma fonte de inspiração para milhões de pessoas de todas as idades e raças, quer elas golpeiem ou não aquela bolinha branca.

Outro nome que me vem à mente quando se trata de coragem e determinação é Lance Armstrong. Ele literalmente percorreu o caminho de volta da luta contra o câncer e teve uma exaustiva carreira como ciclista, mas não recebeu grande atenção até vencer sua quarta – repito, quarta – Volta da França.

Para mim, aquele doce casal que vai rua abaixo e aquela mãe solteira com seus belos e bem-comportados filhos adolescentes são igualmente importantes para a sociedade. Ninguém vê o tempo, as lágrimas, a frustração, a determinação, a montanha de trabalho necessário nos bastidores apenas para conservar a união ou para manter o pequeno José longe das ruas e sua irmã Michele afastada das drogas. Repito: para aqueles que orientam preguiçosamente das margens, estou certo de que tudo parece fácil.

E essa é, em parte, a atitude dos bons mentores: fazer tudo parecer simples, mantendo tudo simples e vivendo a vida com simplicidade.

Sei que você sabe disso. De tudo isso. Você e eu não somos crianças, mas ter um profundo e verdadeiro respeito por uma causa, *sua causa*, é outra coisa. Pouca gente, *principalmente* eu, está qualificada para aterrissar um avião a jato – que pode incendiar toda uma cidade com sua volátil carga de combustível e em poucos segundos pode simplesmente escapar ao controle. Mas Deus abençoa o indivíduo que realmente assume as responsabilidades, que estudou e enfrentou todos os desafios e ainda luta para assumir tudo o que puder ser jogado sobre si. No fim, se você puder sair andando de uma aterrissagem acidentada, de um dia ruim no trabalho ou de dificuldades com a família, bem, eu espero que possa extrair algo positivo da experiência e facilitar a tomada daquele vetor de aproximação amanhã.

Se você é assim, boa sorte. Estude, afivele o cinto de segurança, permaneça ereto e preste muita atenção à sua lista de verificação e à sua bússola moral. Você está liberado para a aproximação; portanto baixe, verifique e *torne a verificar* o trem de aterrissagem. Cheque os *flaps*, não se desvie do rumo e mantenha os olhos nos ambientes interno e externo.

E, é claro, aproveite o passeio.

MINHA PERSPECTIVA PESSOAL

Sempre é alguma coisa

– Nem pensar! – gritei enquanto corria pelo aeroporto de Denver, ansioso por fazer minha próxima série de voos. – Você deve estar brincando. Essa é boa. Por um momento você me enganou. Pensei que falava sério.

Alguns segundos depois parei, subitamente, enquanto centenas de pessoas se apressavam à minha volta.

– Não, Dave – disse gentilmente Chrissy, minha editora –, houve um engano e precisamos acrescentar mais ao livro.

Ainda sem entender, perguntei:

– Você está falando sério? – Era a décima vez que perguntava isso em menos de um minuto.

– Temo que sim – disse ela. – Acabei de descobrir. Sei que é um grande problema, sei como você anda ocupado, mas temos que fazer isso. Desculpe, mas...

Senti um súbito peso esmagador se abater sobre mim. Por mais que tentasse, não conseguia me livrar dele. Sacudi a cabeça antes de correr pelo terminal para apanhar meu próximo voo.

– Não! – anunciei. – Não consigo fazer isso.

– Dave, você precisa entender, isso não tem nada a ver com seu trabalho. O livro é sólido, mas...

Agora correndo a toda velocidade, me desviando de multidões demasiado lentas para meu gosto, eu gritei de volta, surpreso com o aumento de minha tensão:

– De jeito nenhum. Você e eu terminamos o livro há... uma ou duas semanas atrás? Você disse que estava pronto. Não. Para mim, ele está acabado.

Eu não estava tentando parecer arrogante ou rude. Desprezava isso nos outros, principalmente aqueles "autores que viram *bestsellers* em uma semana" e atropelam quem se arriscou nas editoras por eles e fez deles o fenômeno que são hoje. Como editora, Chrissy era mais que paciente e compreensiva ante minha personalidade estranha e meu estilo de vida a milhão. Quando se tratava de editar o original linha por linha, a coisa que eu mais temia depois de escrever, ela tornava todo o processo menos ameaçador e mais fácil. Depois de horas incontáveis ao telefone, Chrissy mais parecia para mim uma irmã caçula. Eu a admirava e respeitava imensamente.

Mas naquele momento eu me sentia ameaçado. O que ela não sabia, e que eu havia revelado somente a uns poucos membros de minha equipe, era que aquele original era o projeto mais difícil que eu jamais havia empreendido. Nele, eu havia deixado minha zona de conforto. Ficara casado com o projeto por mais de quatro anos e durante todo aquele tempo passei por um divórcio difícil, ajudei na limpeza depois da devastação do Katrina, me envolvi ainda mais com as forças armadas – tendo inclusive viajado ao Iraque – e, no meio de tudo, reiniciei meu curso de graduação em direito criminal, estava produzindo meu próximo livro e acabara de assinar um contrato para produzir um grande programa de rádio. Em resumo, eu queria me livrar daquele livro.

– Chrissy, você não entende! – sacudi de novo a cabeça enquanto meu cérebro cascateava uma lista infindável. – Não dá. Não posso fazer isso. Minha vida e tudo o que faço é planejado, até mesmo o momento e a duração dos cochilos. Eu nunca teria assinado o contrato para aquele programa de rádio, nem me oferecido para trabalhar com os militares... já estou sobrecarregado com as responsabilidades de agora. Não tenho tempo. Não tenho nada mais para acrescentar ao livro. Estou esgotado. Por favor, não me faça fazer isso. Escute, preciso ir – terminei, enquanto embarcava.

Por mais constrangido que estivesse por haver terminado a conversa de maneira pouco educada, poucos segundos depois já estava ao celular me queixando ao meu agente literário e à diretora executiva do meu escritório e tentando encontrar uma forma de evitar aquele desafio. Levei uns dois dias para esfriar a cabeça. Só então consegui absorver tudo. No momento em que Chrissy me deu a notícia no aeroporto de Denver, eu já sabia que teria de enfrentar os fatos. Parte da minha resistência se devia ao fato de eu levar muito tempo para rabiscar um único parágrafo. Depois de numerosos telefonemas, quando todos finalmente se reuniram, fizemos um plano. Era simples: eu iria dedicar literalmente cada segundo livre que tivesse para trabalhar no livro.

Depois de alguns capítulos, encontrei um esquema de trabalho. Quanto menos me pressionava, menos eu resistia e mais as coisas pareciam fluir. Devido às minhas muitas aparições, programadas com meses de antecedência, tive de me adaptar a pouco ou nenhum sono por dias seguidos. Eu realmente não me importava. Com tantas pessoas envolvidas com o livro, deixei de querer me livrar do projeto para reassumir o compromisso de tornar a obra a melhor possível. Não aceitaria menos. Isso me confortou. Havia dias em que eu mais parecia um zumbi do que um ser humano, como quando trabalhei três turnos seguidos num Starbucks. Como todas as pessoas que enfrentam um desafio, eu dizia a mim mesmo: *farei o que tenho de fazer.*

Para mim, foi somente quando aceitei meu destino que pareci me abrir, produzindo mais do que pensava ser possível.

No fim de cada capítulo, antes de enviar por *e-mail* as novas seções para Chrissy, a senhora "C", minha diretora executiva, revisava os acréscimos. Mulher muito espiritualizada, sempre me cumprimentava com cortesia. Às vezes, depois de ler algumas páginas, ela enxugava as lágrimas com um lenço.

– Isso tinha de acontecer. Deus queria que você fizesse isso. Irá ajudar muitas pessoas. Assim como em suas palestras e em seu programa de rádio, trata-se de contar sua história. Sei que você superou isso. Mas, neste momento, Deus quer que você faça isso. Veja todos os sinais. Tudo está em sintonia.

Lembrando as palavras dela outra noite, depois de terminar mais uma seção, fumei um charuto para comemorar. À medida que minhas emoções começavam a se acalmar, expirei vagarosamente. Tinha pelo menos algumas horas livres. Algumas horas para clarear a cabeça e contar minhas bênçãos.

Sempre que enfrentava um desafio, principalmente um que fosse inesperado e esmagador, eu pensava o quanto minha vida se tornara afortunada. Não conseguia pensar em nenhuma outra pessoa com tanta sorte quanto eu. Mesmo com todo o caos, os altos e baixos e as besteiras mesquinhas e desnecessárias lançadas em meu caminho, pelo menos minha vida era uma aventura. Pelo menos eu tinha um propósito. Mesmo que fracassasse, pelo menos eu havia tentado.

Para mim, todas as coisas boas parecem evoluir quando menos se espera. Naquela noite, como sempre sem pensar, ao fim de um longo dia, fiz o sinal da cruz sobre meu peito. Porém, naquela noite eu prometi: "Não vou resistir. Faça comigo o que quiser. Sei que posso melhorar. Estou pronto para ouvir. Estou pronto para aceitar meu destino".

SUA PERSPECTIVA PESSOAL
O verdadeiro mentor

- Algumas vezes, quando elementos de sua vida parecem assumir o controle, o que você faz (ou pode fazer) para não ser esmagado?

- Quando está sobrecarregado, você se fecha, resiste ou descarrega nos outros? Quanto dura sua reação inicial e qual sua potência? Quanto tempo você demora para aceitar uma situação infeliz?

- O que o faz se sentir seguro e ajuda-o a enfrentar a situação e começar a mudar as coisas?

- Como você se sente ao ver um conhecido fugir das responsabilidades, enquanto você continua se esforçando para melhorar a si mesmo ou aqueles ao seu redor? Algumas vezes isso desvia sua atenção? Em caso afirmativo, você compreende quanto tempo e energia isso rouba do seu foco?

- Mesmo quando parece não haver luz no fim do túnel, quando aqueles à sua volta se revelam meras fachadas e pessoas sem moral, você se orgulha de ser simplesmente fiel a si mesmo e à sua causa?

CAPÍTULO OITO

MANTENDO A LINHA

Li e ouvi recentemente algumas histórias difíceis de acreditar a respeito de um pai que parecia ser um bárbaro frio e insensível. Diziam que esse sujeito andava pela casa, tropeçando nos vários brinquedos dos filhos. Ele os alertou a respeito de guardar seus pertences nos devidos lugares – ou haveria consequências. Então, um dia um dos garotos exclamou:

– Papai! Onde está meu brinquedo?

O pai respondeu:

– Já era. Eu o tomei.

Você pode imaginar o garotinho se derramando em lágrimas e batendo o pé, gritando:

– Isso... não é justo. Como você foi capaz? Você é mau. O brinquedo é meu. Meu! Meu! Meu!

Então, depois de passada a explosão de mau humor, o pai disse em voz calma:

– *Agora*... vá guardar o resto dos seus brinquedos.

Uau!

Esse mesmo sujeito, depois de alertar os filhos para que apagassem a luz do quarto ao sair, disse que tiraria as lâmpadas caso eles não o obedecessem. Também ouvi outra história absurda, na qual a filha deixou um vestido no chão. Em vez de pegá-lo para ela, o pai teria jogado o vestido na lareira.

Uau de novo!

Seja lá o que você pense sobre como ele lidou com aquelas situações, esse sujeito marcou um ponto. Ele assume uma posição, declara seu propósito e defende seu território.

E, como todos os pais, ele sentou-se e explicou seus atos aos filhos: que ele é um imigrante, que logo depois da Segunda Guerra Mundial veio da Áustria, onde nasceu e foi criado e onde os tempos eram difíceis. Como os sujeitos bons e esforçados não podiam atingir seus objetivos devido à disputa com os comunistas, ele se arriscou. Ele sonhava com a América. Quando chegou, trabalhou duro. *Muito duro*. Sacrificou-se. Aguentou, e aguentou ainda mais. Teve sorte e trabalhou ainda mais duro. Sempre se esforçando, sempre expandindo seus limites. Conheceu americanos naturalizados que pareciam estar estagnados na vida, reclamando, desejando, querendo, chorando, ansiando por que as coisas melhorassem, lamentando-se por causa dos tempos difíceis. Mas ele pelo menos foi em frente e *fez alguma coisa*, realizando mais do que muitas pessoas neste país poderiam imaginar.

No fim desta história paterna épica e *bárbara*, você pode imaginá-lo apontando o dedo na direção do filho e declarando:

– O fato de seu sobrenome ser Schwarzenegger não lhe dá o direito de pegar uma carona na vida. A Califórnia enfrenta uma crise de energia. Assim, pense na eletricidade. Dinheiro, brinquedos, roupas, esta bela casa são produtos do que sua mãe e eu conseguimos com nosso trabalho. Vocês precisam aprender a respeitar. Aprender a dar valor a tudo o que temos. Um dia vocês terão de viver por conta própria e farão o que quiserem.

Mais uma vez, pelo menos sabemos a posição do velho Arnold.

E, embora alguns possam zombar e dizer "Bem, é apenas mais um megalômano de Hollywood tentando preencher seu ego inflado", eu discordo. Ele não é o único a tomar esse tipo de atitude. Conheço uma senhora que, quando criança, era constantemente repreendida pela bagunça do seu quarto. Então, um dia, a garotinha chegou em casa, subiu as escadas, entrou no quarto e descobriu horrorizada que sua boneca favorita havia sumido. Ela revirou o quarto, procurou em todos os cantos, mas não achou a boneca.

– Você chegou a encontrá-la depois? – perguntei à minha amiga.

– Não – respondeu ela. – Mas, quando fui perguntar à minha mãe o que tinha acontecido, tive certeza. Ela explicou, de maneira bondosa, mas firme, por que havia tirado minha boneca favorita.

– Mas o que você fez? Como se sentiu?

– Cara, eu fiquei irritada! Aquela era a *minha* boneca e aquele era o *meu* quarto. O que eu poderia fazer? Bem, depois que chorei sem dar em nada, como fazem todas as crianças, subi as escadas, arrumei meu quarto e nunca mais mesmo, nunca mais desrespeitei os avisos de minha mãe. Eu mantinha o quarto arrumado. Nada ficava fora do lugar.

Essa senhora trabalhou comigo como conselheira em um centro de detenção de jovens; perguntei-lhe que efeito aquele acontecimento aparentemente insignificante poderia ter exercido em sua vida. Sua expressão mudou.

– Aquele incidente, pequeno como foi, afetou minha perspectiva sobre quase tudo. Se minha mãe dizia alguma coisa, meus ouvidos se aguçavam. Ela me ensinou a importância das consequências dos meus atos. Mas o mais importante era que minha mãe dizia o que pensava e fazia o que dizia. Portanto hoje, quando trabalho com esses jovens, é claro que eu posso facilitar um pouco a vida para eles, mas eles têm de conquistar meu respeito. Eles têm que saber como eu sou e, mais importante, por quê. De qualquer maneira, não deixo dúvidas a respeito de meus padrões.

Outro bom exemplo da importância das nossas intenções foi ensinado ao último imperador da China por Reginald Johnston, seu tutor, que disse:

– Talvez seja uma questão de palavras, mas elas são importantes.

– Por que as palavras são importantes? – perguntou o jovem imperador.

Sem reservas, o instrutor disse sabiamente:

– Sua Majestade, se o senhor não consegue dizer o que fará, nunca fará o que diz. E um cavalheiro sempre deve fazer o que diz.

Assim, quer você seja o imperador de seu palácio, o presidente da sua empresa ou o chefe da sua casa, são suas declarações e seus atos que conferem significado à sua posição.

E, como você sabe, é a maneira despretensiosa e pouco impactante como você se comporta no dia-a-dia que coloca sua cabeça e seus ombros acima da maioria dos indivíduos, que não se importam com nada.

Na "vida real" do cotidiano, pode haver um momento em que ocorra um evento fenomenal e gigantesco no qual você se verá assumindo o comando e colaborando graças à sua liderança. Um evento no qual anos de autodisciplina, treinamento e integridade serão postos à prova suprema. No qual viver aquele estilo de vida aparentemente tedioso, com aqueles valores imutáveis e ultrapassados, de repente passará a ser vital.

Perguntaram a Rudy Giuliani, então recém-eleito prefeito de Nova York, como ele combateria a alta taxa de criminalidade da cidade. Ele respondeu com uma campanha aparentemente insignificante, focalizando os inúmeros flanelinhas que se aglomeravam perigosamente nos vários congestionamentos de trânsito, tentando impingir serviços não solicitados. Quando seu gabinete foi assediado com objeções como "Por que você não persegue assassinos, estupradores e traficantes de drogas?", a resposta foi: "Perseguimos todos os infratores da lei. Se você não tiver controle sobre a mais insignificante das infrações, não conseguirá combater os delitos maiores".

Foi somente alguns anos depois que o prefeito da Big Apple foi apelidado de Capitão Coragem, ao assumir o controle durante os momentos iniciais dos ataques ao World Trade Center. Corpos e detritos caíam de ambas as torres, e o prefeito quase foi morto quando um edifício próximo, que ele e sua equipe usavam como posto de comando, desabou. Contudo, uma vez fora dali, o prefeito não perdeu tempo. Fez uma rápida inspeção das redondezas e voltou-se para sua equipe com a seguinte ordem: "Neste momento, *nós* somos nosso país. *Nós* precisamos confiar em nós mesmos. *Nós* vamos superar isso. Vamos eliminar a emoção da situação, fazer nosso trabalho, salvar vidas e salvar esta cidade".

No decorrer daquele dia infame, em meio ao caos e à carnificina, milhares de cidadãos comuns, à sua maneira, se esforçaram, tomaram decisões extraordinárias e empreenderam ações altruístas que fizeram diferença na vida de muitas pessoas. Eram boas pessoas comuns criando um grande impacto.

Mais uma vez, talvez haja uma chance em um milhão de uma única oportunidade colocar em xeque seu verdadeiro caráter – seja o envolvimento pessoal numa crise, uma situação médica de vida ou morte ou, que Deus não permita, qualquer outra tragédia pessoal extrema. E, se a pessoa não puder sustentar o que diz, se carecer de foco, disciplina, integridade e responsabilidade nas coisas pequenas, aparentemente insignificantes, como poderá ela reunir a força e a coragem para se sacrificar e **fazer** (não apenas tentar fazer) o que deve ser feito?

Soltar palavras à velocidade do som é um grande feito e, para quem tem um comando eloquente da linguagem, estou certo de que é uma festa para os ouvidos. Mas em nossa época é preciso mais, muito mais. Como diz o velho ditado, as *ações* (suas ações) falam mais alto que as palavras.

DIGA-O. FAÇA-O. VIVA-O.

Se discutimos neste livro, é que todas as coisas boas levam tempo. Relacionamentos, carreiras, saúde, finanças, autoestima: nada acontece da noite para o dia. O que funciona melhor são os pequenos passos. Na sua causa de autoaperfeiçoamento, ou qualquer que seja sua causa, você define o padrão sendo consistente em seus esforços. *Só depois* de você definir um ritmo simples e realista, ganhar terreno, conquistar autoconfiança e ganhar experiência sólida estará pronto para assumir a responsabilidade de liderar outras pessoas.

Resumindo em uma única palavra, liderança implica *integridade. Sua* integridade. Isso porque só você sabe, em seu íntimo, o que viu, tudo o que experimentou e o que é absoluto. Nada de joguinhos, nada de fachadas, nada de "representações" – aqui se trata do *você* real. Só você sabe os anos que passou se aperfeiçoando, ao mesmo tempo em que era proativo e lidava com tudo o que a vida constantemente lhe jogava no colo. *Saber quem você **realmente** é* deve ser suficiente.

E isso sem achar que você *deve* sapatear enquanto equilibra uma pirâmide de copos de água na ponta do nariz e canta o hino nacional para um público que nem mesmo olha na sua direção. Sem a necessidade de sentir que *deve* aguentar insultos, abusos ou ataques à sua reputação.

Comece aceitando a si mesmo como você é e aquilo que defende, inclusive a forma como vive sua vida.

Sua integridade significa seu padrão pessoal, a forma como você conduz as coisas em todos os aspectos da vida. Por mais estranho ou tolo que possa parecer aos outros, a maneira como você administra e vive sua vida, seus atos e seus padrões é um assunto seu. Se você não estiver satisfeito ou não tiver confiança em quem é e naquilo que se esforça para realizar, como pode esperar que as outras pessoas o aceitem? Como pode esperar definir o exemplo e o ritmo, se você não acredita em seu ativo mais importante – isto é, você mesmo?

Neste estágio da sua vida, meu conselho é: você é a pessoa que mais conhece você. E, se não conhece, *faça alguma coisa*, porque precisa conhecer!

Elimine as desculpas, as fachadas, a postura defensiva, e comece a viver. Nada de bobagens, nem de álibis ou de tempo perdido!

E, sem querer desrespeitar ninguém: embora cônjuges, amigos íntimos ou parentes possam conhecê-lo intimamente, somente você viveu toda a sua vida na sua pele. Você conhece seus erros e medos, seu orgulho e todos os seus preconceitos. Talvez tenha enterrado alguns itens dos anos da sua infância, mas você sabe que foram principalmente aqueles dias, aquelas experiências, aqueles eventos traumáticos, aqueles tempos felizes, que fizeram de você quem você é hoje. O bom, o mau e o feio: é a sua vida.

MINHA PERSPECTIVA PESSOAL

Desde que Deus saiba

Alguma coisa estava errada.

– Não, senhor – respondi depois de um momento –, eu não disse isso. E certamente isso não é o que eu penso.

Quando o repórter famoso em todo o país simplesmente fez um sinal negativo, eu não tinha certeza se ele havia finalmente entendido, concordado ou se iria deliberadamente distorcer minha resposta.

– Você hesitou. Ele fez uma pausa e ergueu a sobrancelha. – Agora, por que faria isso?

Por mais cansado que estivesse devido às poucas horas de sono, eu ainda tinha percepção suficiente para saber que alguma coisa estava errada. A cada pergunta incoerente que recebia, eu me via tentando justificar cada declaração que saía de minha boca.

Em centenas de outras entrevistas, eu contara minha história sobre o que havia acontecido e pagado um tributo às pessoas que tinham mudado as coisas para mim, tentando, além disso, transmitir uma mensagem humilde, mas universal e inspiradora. Mesmo quando explorava partes perturbadoras do meu passado, eu ficava atento para não exagerar nos exemplos e também para fazer o possível para aliviar a pressão, mostrando-me descontraído.

Mas aquela entrevista era diferente. Ele não era nada do que tinha parecido que seria durante as numerosas pré-entrevistas. Ao telefone, ele parecera bondoso, sincero e genuinamente interessado. Cara a cara, porém, parecia incoerente, arrogante e combativo. Não importava o que eu dissesse ou como procurava explicar qualquer coisa, ele me interrompia no meio da frase e distorcia tudo, ou retrucava com uma pergunta que nada tinha a ver com aquilo que acabara de perguntar.

Depois de um dia longo, cansativo e desgastante emocionalmente, seguido de três horas de entrevista, eu comecei a sentir a pressão.

– Assim – perguntou ele –, quando diz *senhor* ou *senhora*, você diria que usa essas palavras como um disfarce, um ardil para enganar as pessoas, fazer com que sintam pena de você?

– Não, senhor, não faço isso.

– Não faz o quê?

Adotei uma abordagem diferente.

– Para mim, dizer *senhor* ou *senhora* é natural. Faço isso apenas para ser educado. Você sabe, atos casuais de gentileza. Enfim – mudei de assunto, esperando que ele voltasse à premissa da entrevista, – como eu estava dizendo, esse é o tipo de serviço prestado por orfanatos. Pelo menos, foi assim que meus pais adotivos me criaram.

Novamente o repórter dispensou minha resposta com um gesto.

– Então você não nega que na verdade seduz as pessoas em busca de piedade? É isso?

– Não – respondi, fazendo um sinal negativo. – Não, senhor, não é nada disso.

– Pela minha experiência, as pessoas que parecem excessivamente cordiais têm uma intenção diferente, premeditada. Em geral tal atitude serve para mascarar, para desviar a atenção de algo muito diferente. O que me diz?

Tudo o que pude fazer foi sorrir.

– Aquilo que você vê é o que é.

– Então você está dizendo que é genuinamente educado?

"A menos que você seja um imbecil", pensei.

– Você parece ansioso para agradar, talvez ansioso demais, de um modo um tanto ingênuo. É assim que você realmente é?

– Bem, como qualquer pessoa, tenho meus momentos... – comecei a responder.

– Você está desviando o assunto – cortou ele, enquanto rabiscava algumas anotações.

Eu podia imaginá-lo declarando, quando lhe fizessem uma pergunta direta a respeito de que tipo de pessoa Pelzer é realmente:

– De repente ele pareceu atordoado e confuso...

– Senhor – disse eu –, se me permitir, estou somente...

Mais uma vez ele dispensou minha declaração.

– Muito bem, responda a esta pergunta: como é acordar um dia e descobrir que você é esse grande sucesso instantâneo? Devo lhe dizer que fui um escritor autônomo por mais de vinte anos, escrevi mais de doze livros e tudo o que recebi foi uma carta de rejeição atrás da outra. Como então não consigo publicar nenhum livro, enquanto alguém como você...

– Bem, eu não sei – murmurei. – Essa é uma pergunta pessoal ou ela faz parte da entrevista?

O repórter ergueu a sobrancelha.

– Ei, não fique tão na defensiva! – gritou para que todos ouvissem, enquanto inclinava a cabeça para rabiscar em seu bloco. A seguir, deu um sorriso irônico. – Ei, estou apenas provocando você.

Seguiu-se uma longa pausa. Eu queria ser educado. Queria que ele me visse como uma boa pessoa. Queria aceitar seu pedido de desculpas e me desculpar, caso tivesse saído da linha. Contudo, alguma coisa me disse para ficar firme, pelo menos por...

Depois de alguns segundos, o repórter pareceu agitado.

– Mas, falando sério, como você faz? Vamos, pode me contar. Você teve uma ideia e disse: "Vou vender minha historinha triste para que o mundo todo sinta pena de mim. Irei ao programa da Oprah para divulgar o que sinto. Culparei meus pais e a sociedade por não me entender e poderei ganhar dinheiro". Foi isso o que você pensou? Normalmente eu teria respondido com uma risada, dizendo: "É isso aí, você descobriu".

Mas de repente entendi tudo. Não importava o que eu dissesse ou fizesse, nem minhas intenções: aquele sujeito tentaria me enterrar! E, quanto mais eu tentasse me justificar respondendo às suas perguntas, mais ele acharia que eu estava atrás da sua aprovação.

Toda aquela história – as semanas anteriores àquela entrevista atendendo a solicitações infindáveis, tais como verificações com meus professores, com meus pais adotivos, os pedidos de cartas de referência do mundo inteiro, as cópias de citações, até mesmo atualizações semanais da posição de meu livro na lista dos mais vendidos do *The New York Times* – fora uma completa charada. Com minha cabeça começando a girar, meu coração disparou. Eu ainda não conseguia aceitar aquilo que se revelava diante de mim. Tudo o que pude fazer foi permanecer impassível e manter uma expressão neutra.

Como um tolo, eu caíra na história do "acompanho sua carreira há algum tempo, meu jovem. Vejo aqui uma história a respeito de uma pessoa que não só transcendeu, mas também encoraja aqueles que estão nas trincheiras do serviço social e dá esperança aos necessitados. Esta é uma história que precisa ser contada".

– Então – prosseguiu o repórter –, há quem diga que você compra seus livros aos milhares só para chegar à lista de *bestsellers* e depois os devolve. O que me diz?

– Não, senhor.

– Não o quê?

– Não, nunca fiz nada disso. E nem pensaria em fazê-lo – respondi.

– Mas – disse o repórter enquanto folheava suas anotações – falei com os funcionários de uma das livrarias onde você recentemente esteve numa noite de autógrafos e me disseram que você comprou vários livros.

Sorri por dentro. Sem querer, ele revelava suas intenções.

– Senhor – respondi –, quando sei que uma das pessoas presentes à minha noite de autógrafos não pode comprar um livro, acho que o mínimo que posso fazer é comprar um livro para ela. Numa noite de autógrafos posso chegar a comprar vinte livros. Em resumo: não preciso fazer isso, mas acredito que é o certo. Além disso, vinte exemplares certamente não irão me incluir na lista de *bestsellers*.

– Mas como eu poderia saber disso?

Externamente, permaneci neutro. Por dentro, pensei: "Se você já tivesse publicado livros, conhecesse o ramo e como as coisas realmente funcionam, saberia disso".

Antes que eu pudesse responder, o repórter disparou:

– Conte, você vai a todas aquelas festas, tenta ser o herói da cidade? Você gosta disso, não é?

Senti vontade de pular da cadeira e agarrá-lo pelo pescoço. Eu trabalhei duro, tive sorte, depois trabalhei mais duro ainda e me dispus a viajar como voluntário ainda mais. Contudo, não mordi a isca. Estou certo de que o famoso repórter sentiu a mudança. Tudo o que fiz foi ficar imóvel. Pela inquietação, eu percebi que ele tinha esgotado seus recursos.

– Mas as vendas de livros... isso simplesmente não acontece assim – declarou ele.

– Bem, aconteceu – respondi.

– Bem, eu sei que você poderia estar ganhando muito dinheiro com fins de semana motivacionais ou em convenções de companhias de seguros. Por que você...

Eu o interrompi.

– Não preciso disso, senhor.

O repórter folheava sem parar suas anotações. Ele sabia que eu estava prestes a encerrar nossa entrevista.

– Mas – ele ergueu um dedo – falei com sua avó, uma mulher mal-humorada, e ela disse que suas obras eram "mais como ficção".

– Bem – voltei a me sentar. – Já ouvi isso antes. E acho que meu escritório lhe enviou por fax essa mesma declaração de uma outra entrevista de algum tempo atrás. Enfim, se até mesmo uma fração daquilo que me aconteceu quando criança fosse verdade, já seria suficiente para eu haver sido resgatado. Na época, quando aquilo aconteceu, conforme você verificou falando com meus professores e também com dois de meus pais adotivos...

– Eu nunca disse que falei com eles – respondeu o repórter.

– Acredito que tenha falado. Caso contrário, por que um dos meus professores e um dos meus pais adotivos teriam me telefonado para reclamar da sua má educação?

– Bem – murmurou ele.

Prossegui.

| 153 |

– Naquele tempo, quando não havia leis nem códigos penais para proteger as crianças ou quem tentasse protegê-las... Se estou mentindo, então por que fui retirado subitamente de casa, levado ao tribunal e colocado para adoção?

O repórter parecia paralisado.

Baixei a voz para parecer mais calmo do que estava realmente.

– Sei que não sou o sujeito mais esperto do mundo. Sei que tenho muito a aprender. Que cometi muitos erros, e um deles é querer aceitar as pessoas pelo seu valor, mesmo que elas tenham intenções diferentes, até mesmo sinistras. Nada posso fazer a esse respeito. Gostem de mim, me odeiem, discordem de mim, não faz diferença! O que faz diferença é como vivo minha vida. O fato de que sou um pai para meu filho. De que não estou trancafiado numa prisão por ter cometido crimes inconfessáveis, ou de que não estou por aí, promovendo o caos como o maior terrorista do mundo. Que estou bem, do meu jeito. Em meus livros procuro prestar um tributo ao sistema: aos professores, assistentes sociais, pais adotivos e a muitas outras pessoas que não só me colocaram no caminho certo, mas também salvaram minha vida.

"Sei em meu coração o que é verdade. O mais importante para mim é que sei por que faço o que faço. E, desde que eu e Deus saibamos, isso é mais que suficiente para mim!

"Agora, com sua licença, preciso falar a alguns jovens adultos que podem utilizar alguma orientação positiva no centro de detenção de menores."

– Mas eu não compreendo. Você sente necessidade de...? Por que você faz o que faz...

Levantei-me e apertei a mão do repórter.

– Na verdade isso não tem importância, não é? Mas sei que você é muito ocupado. Obrigado pelo seu tempo. Até logo... senhor!

SUA PERSPECTIVA PESSOAL
Mantendo a linha

• Quando se sente testado, em vez de ser firme em suas crenças cruciais, você desaba por não resistir ao conflito de "curto prazo"? Que efeito isso exerce na manutenção dos seus padrões gerais?

• O que significa para você a palavra *integridade*? Como você a vive?

• Você se esforça para obter a aprovação dos outros? Em caso positivo, depois de todo o tempo, a energia e as despesas que você dedica a isso, o que você ganha exatamente com seus esforços?

• Quando você é criticado sem razão por pessoas que agem de forma deliberadamente má, consegue suportar a situação e manter a dignidade? Que experiência positiva você consegue extrair da situação?

CAPÍTULO NOVE

VIVENDO A *SUA* VIDA

A verdade é esta: tudo isso – este livro, sua vida, seus valores – diz respeito a *você*. A maneira como você se comporta, a soma das suas crenças que o fazem se esforçar para transcender o possível e realizar grandes feitos, dizem respeito a viver uma vida de valor real. Dizem respeito a estabelecer o tom para as suas reações, para a forma como vive a *sua* vida.

Para as pessoas passivas e com pouca ou nenhuma ambição, que fogem deliberadamente de qualquer tipo de responsabilidade por covardia, pelo medo de criar ondas, a vida pode ser uma navegação tranquila. Para outras, porém, que talvez sintam um pouco de medo, mas ainda têm a espinha dorsal e se mantêm de pé, que acima de tudo merecem confiança – para essas, às vezes as águas podem ser revoltas.

Esteja alerta.

Não se esqueça de que, quando começamos a cruzar mares desconhecidos nos vastos oceanos da vida, sempre há a ligeira probabilidade de dar na praia. À medida que você explorar novos mundos para se aperfeiçoar e, mais importante, à medida que pilotar outras pessoas, você gastará mais tempo e energia combatendo motins do que progredindo na missão que decidiu realizar inicialmente.

NA SUA CARA

Quanto mais você sobe na vida e tem sucesso, mais amplo é seu impacto sobre sua causa, particularmente na vida dos outros. Você passa a ser bombardeado de todos os lados. É quase inevitável. Confie em mim: mais cedo ou mais tarde isso irá acontecer. É quase como uma *tempestade perfeita* nunca vista antes. Não importa se você estava apenas cuidando da sua vida sem buscar qualquer elogio. Mesmo que esteja se esforçando para não atrair a atenção para si mesmo, a oposição, com seus tentáculos viscosos, tentará agarrá-lo e puxá-lo para baixo.

Você também encontrará oposição da parte daqueles que nunca se arriscaram, que nunca pensaram em nada na arena de realizações produtivas e proativas. Eles farão o possível para serem seus oponentes mais ruidosos.

Por que isso? Bem, alguns podem sentir-se ameaçados, invejosos ou extremamente envergonhados da vida que levam ou talvez não tenham conseguido levar.

Outra razão pela qual alguns indivíduos fazem o que podem para agir de forma vingativa contra você é o fato de isso fazer com que eles se sintam superiores. Eles agem dessa maneira em parte para que a luz da disparidade brilhe sobre eles um pouco menos do que antes. A esperança que têm (para alguns, é uma missão) é derrubar os outros para aumentar o próprio valor. Isso se chama *desvio*. E não é saudável.

Alguns podem apenas sentir medo de mudar. Muito medo. Pode haver uma coleção de razões ou desculpas desconhecidas. Mas, afinal, essas coisas têm alguma importância para *você*? Será que você deveria redirecionar seu tempo, sua atenção e seus recursos para aqueles que nem mesmo têm uma missão ou qualquer ambição? Por que você deveria se importar com o que pessoas sem integridade pensam a seu respeito e a respeito dos seus motivos honrados?

Aquilo que os outros dizem ou fazem quando você está vivendo sua vida não deve ter importância, particularmente se eles forem venenosos. Porém, como sabemos, na realidade isso ainda nos afeta, nos faz perder tempo e, em alguns casos, ainda nos fere. Estou falando do tipo de agonia que dói na boca do estômago. Lá está você, procurando fazer uma diferença, e de repente, do nada, lhe vem um soco no estômago.

Nem vou lhe contar quantos milhares de vezes tentei sinceramente ajudar os outros quando não precisava fazê-lo e depois, algumas vezes, ainda me apontaram um dedo acusador proclamando que eu não havia feito o suficiente, ou que não fui suficientemente rápido. Já ouvi acusações horríveis. Mesmo depois de tudo o que já fiz, que tive a sorte de realizar, até hoje isso ainda dói.

Peço que confie em mim a este respeito: se você teve um passado ruim, se sobreviveu a uma situação infeliz, ou mesmo desprezível, e hoje continua se esforçando para ir além do possível e se aperfeiçoar, à medida que crescer você irá se fortalecer e ficar mais sábio. Assim, estará apto para suportar alguns golpes pelo caminho. Vamos lá, você *consegue*.

Quando se trata de críticas, eu digo que não são tão más. Elas significam que você está fazendo algum progresso. Enquanto os outros veem o mundo passar enquanto só vivem dando desculpas, com sua choradeira de bebês, e lutam entre si para justificar suas vidas desgraçadas, você está de fato realizando algo. Está defendendo quem você é e as crenças que para você são verdadeiras. Portanto, diga, como isso pode ser errado? Como pode ser mau ou desonrado?

Mais uma vez, talvez uma ou duas tempestades não sejam tão ruins nos vastos oceanos da vida.

Pense nisso.

Veja desta maneira: talvez uma ou duas pancadas o mantenham humilde. Elas evitam que você fique demasiado cheio de si. E o mais importante é que esses golpes poderão ajudá-lo a avaliar sua própria integridade.

Não se preocupe. Com o tempo, sua pele ficará calejada. À medida que você crescer, seu ouvido filtrará a maior parte daquele ruído branco vingativo e desnecessário.

Mantenha o foco no jogo. Essa é sua vida e sua cruzada. Lembre-se, sempre que houver ataques injustificados contra seu caráter, a coisa será um jogo apenas se você jogá-lo.

DEMASIADO HUMANO

Tenha simplesmente em mente que todo mundo leva golpes na vida. E quero dizer TODOS mesmo! Não há dia em que não haja no jornal, no rádio, na internet, no noticiário da televisão uma notícia dizendo para o mundo como alguém de estatura fez ou *supostamente* fez algo que atraiu atenção. Vemos isso no campo da política. À medida que a corrida eleitoral se aquece, o candidato perdedor que de repente se transforma em ganhador é atingido por tantas acusações que a discussão dos políticos sobre por que ele se candidatou perde-se completamente na névoa do ruído desnecessário.

O mesmo pode ser dito de figurões dos esportes ou celebridades. Há um ano, quando esses sujeitos estavam cuidando das próprias vidas, nós os conhecíamos ligeiramente, mas na realidade não nos importávamos muito com eles. Quando eles se tornam importantes, porém, os dedos acusadores chegam em levas intermináveis.

Para ser justo, embora alguns desses sujeitos joguem suas loucuras inteiramente sobre si mesmos, alguns são de fato mais que humildes e compreensivos, e vivem vidas respeitáveis.

Para mim, nenhum de nós é imune: qualquer pai, executivo, supervisor, samaritano ou visionário já levou seus golpes na vida. Quanto mais alto você sobe, mais os outros apontarão o dedo contra você. Mas esse é apenas um dos preços que você irá pagar, e ele simplesmente vem com o território ganho.

Certamente não sou diferente. Se Kathy Griffin, aquela grande comediante ruiva (que adoro), for uma celebridade de categoria D, eu estarei, na melhor hipótese, na lista Z. Depois de alguns anos de notoriedade, é rara a semana em que não deixo alguém louco ao ponto de me odiar. Pode ser devido a alguma coisa que eu disse ou deixei de dizer. Que fiz ou deixei de fazer. E não importa o quanto me esforce para limpar meu nome, provando acima de qualquer suspeita que eu não estava errado. Descobri que isso só irrita ainda mais certas pessoas.

Admito que algumas vezes a dor foi muito forte quando estive no centro das atenções e fui golpeado com muita força e vontade de machucar. Em parte isso ocorre porque meu ego e meu orgulho me desencorajam, algo que reconheço ser uma tolice completa.

Hoje, no entanto, eu também reconheço que sou capaz de irritar algumas pessoas, mesmo sem querer. Mas nunca faço nada com o propósito deliberado de irritar os outros. Nada me dá mais prazer do que elogiar quem faz diferença nas vidas dos outros, e me esforço para fazer com que as pessoas se sintam bem na sua própria pele. Eu me esforço para ajudar a abrir uma porta, qualquer porta, que leve os outros a redescobrir seu próprio valor e a felicidade. Em resumo, é o que faço. É o que eu *defendo*.

Há muitos anos (rapaz, como me sinto velho!) eu estava me apresentando na região noroeste dos Estados Unidos e quase provoquei uma tempestade de fogo quando usei seguidamente a palavra "senhoras". Na primeira vez em que eu disse a palavra, em "Senhoras e senhores", recebi um olhar vingativo do fundo da sala. Meia hora depois, quando repeti a palavra, uma jovem levantou-se e gritou: "Não sou uma senhora, ouviu? Não sou senhora p**** nenhuma!

Você acredita?

Depois de expressar seu desprazer com meus modos antiquados e opressores em relação às mulheres, ela e sua amiga deixaram a sala diante da multidão chocada. Uma semana depois recebi uma carta de sete páginas daquela jovem, contando que eu havia não só acabado com seu dia, mas também arrasado totalmente seu espírito. Que eu era a razão pela qual as mulheres ainda combatiam porcos machistas como eu, e que gente como eu merecia ir para o inferno. A carta terminava com um texto adicional descrevendo não só que ela iria me processar, mas também quanto iria pedir como compensação pela ansiedade mental opressiva que eu lhe havia infligido.

Uau!

Li a carta dezenas de vezes, só para entendê-la melhor. Senti-me tão mal que caí de joelhos e chorei. Rezei. Lutei contra mim mesmo, pensando: "Se estou irritando tanto uma pessoa, posso imaginar como devo ter irritado dezenas de milhares de outras".

Durante semanas permiti que aquela situação e aquela carta maligna dominassem meus pensamentos. Durante semanas não pensei em mais nada. Perdi o sono. Contudo, à medida que comecei a me acalmar e depois que comecei a buscar conselhos honestos, consegui dormir uma noite. Levei um pouco mais de tempo para compreender que aquilo não era o fim do mundo. Fiz um exame de consciência, sabendo bem que, embora aceitasse a responsabilidade por minhas palavras e meus atos, na verdade eu havia me esforçado para ser educado com o público. Depois me lembrei de que por muitos anos eu dissera a mesma palavra milhares e milhares de vezes sem exercer nenhum efeito negativo, fato que acabou me ajudando muito com minha introspecção. Só então, depois de analisar todo o assunto *pelo que ele era*, foi que comecei a me sentir melhor – mais limpo – a respeito de mim mesmo.

Como aquele foi meu primeiro grande ataque, na próxima vez em que apareci no palco eu hesitei. Hesitei em ser eu mesmo. Comecei a pensar que não estava sendo eu mesmo.

E isso também estava errado. Porque se cada um de nós passar a reagir constantemente em cada encontro com mentalidades estreitas, a mudar completamente de direção devido a caprichos alheios exclusivamente para não ofendê-los, será uma total estupidez. Isso não é liderança e certamente não é uma exibição de integridade. Significa encolher-se por covardia. Portanto, digo que, quando você assumir sua posição, seja sincero. Mantenha o queixo erguido e os olhos abertos às reações. Mais uma vez, tudo isso faz parte do aprendizado.

Não tenho absolutamente nenhum problema para alterar um plano, receber críticas construtivas ou realizar uma correção de curso vez ou outra. Se posso fazer algo que me ajude a me tornar mais eficaz, sempre estou disposto a considerar essa possibilidade.

Cerca de dez anos se passaram desde aquele encontro difícil, e hoje, quando me lembro da situação, vejo a experiência como um fato positivo. Como qualquer pessoa, cometi e continuarei a cometer erros, alguns deles absoluta e estupidamente exorbitantes. Ao menos para mim, em especial com minha sorte, isso é quase inevitável, em parte porque estou sempre ultrapassando minha zona de conforto. Os erros também impedem que eu me torne demasiado complacente ou pouco compreensivo. Então, quando recebo declarações deliberadas cheias de ódio, olho para quem as proferiu, ofereço-lhe uma rápida oração silenciosa e sigo em frente. As pessoas supersensíveis e choronas, que nada fazem a não ser reclamar, só me tornam ainda mais determinado em minha missão.

Isso quer dizer que essas coisas não doem? Claro que doem! E, de certa forma, acho que precisam doer. Porque isso mostra que ainda temos sentimentos, que não estamos demasiado saturados nem pensamos estar acima de tudo. Que de fato somos humanos. Você nunca conseguirá mudar o modo de pensar e agir de determinados indivíduos. Essa é uma parte dura, mas básica, da realidade da vida. Tudo o que você pode fazer é cuidar da sua própria vida, usando *suas* habilidades da melhor forma possível.

Portanto, ao inferno com eles.

Mesmo cenário, atitude diferente

E o escrutínio, nunca acaba? Não, ele só aumenta.

Há pouco tempo voltei à região noroeste do país, para a mesma cidade em que ocorreu o incidente com a palavra "senhoras", e adivinhe o que aconteceu? Irritei algumas pessoas. Ao fazer a apresentação, eu sabia que estava nadando contra a corrente. Por mais que tentasse, não conseguia me conectar bem. Mas fui até o final. Poucas semanas depois, recebi outra carta – dizendo que eu havia estragado tudo de novo.

Quando Gabbi, minha diretora de negócios, deixou a carta na minha frente, avisou:

– Não vá entrar em parafuso nem ficar louco, mas você precisa ler isso.

Meu crime do século foi, entre outras coisas, dizer "Deus os abençoe" em frases como: "Se vocês estão ajudando os outros, Deus os abençoe"; "Se vocês estiverem em um lugar escuro onde as coisas não forem favoráveis e mesmo assim tiverem a coragem para se levantar todos os dias, enfrentar seus demônios e contribuir para a sociedade, então Deus os abençoe"; e "Se vocês precisam de um pouco de encorajamento, um pequeno impulso no moral, bem, que Deus os abençoe".

Enquanto relia a carta, pude sentir meu estômago se contrair. Minha cabeça começou a entrar em órbita. Soube na hora que poderia permitir que aquela carta me corroesse. Ou poderia simplesmente agir como se nunca a tivesse lido e não me importasse com ela. Ou, pensei, *eu poderia fazer algo*.

Peguei o telefone e liguei para a patrocinadora do evento. Depois de trocarmos cortesias, eu disse:

– Muito obrigado por ter se dado ao trabalho de me escrever. Li sua carta e...

De repente, o tom de voz daquela senhora mudou inteiramente, de cordial para frio e defensivo, enquanto ela me respondia.

– Você precisa entender: todos nós devemos ser sensíveis aos sentimentos alheios. Algumas pessoas, não todas, ficaram perplexas com alguns dos seus comentários.

– Bem – respondi –, em primeiro lugar, quero me desculpar. Não foi essa minha intenção.

Ainda com reservas, a senhora, cuja atitude era então totalmente diferente de quando estava conversando alegremente comigo horas antes do programa, disse o seguinte:

– Posso sentir o significado das suas palavras; porém, você disse *aquilo* sete vezes. Algumas pessoas, não todas, mas algumas, podem ter interpretado seus comentários como uma tentativa de persuasão. Você precisa entender os tempos sensíveis em que vivemos. Você, mais do que todos, deveria saber como as palavras podem provocar reações.

Sem pensar, ainda segurando o telefone, deixei escapar:

– Sete vezes? Eu disse "Deus os abençoe" sete vezes em noventa minutos? Puxa! Normalmente, eu digo mais vezes. Muito mais.

– E seu humor – prosseguiu ela. – Embora muitas pessoas possam ter rido de suas graças e imitações, não creio que o público esperasse que você fosse tão divertido. Isso pode ter confundido as pessoas, o que pode ter contribuído para aumentar o desconforto.

– Mas, minha senhora – repliquei –, estou confuso. Nós não nos reunimos duas horas antes da palestra, quando lhe perguntei se seria adequado se valer de humor para que as pessoas se soltassem, porque **a senhora** havia dito que elas haviam passado por vários dias de treinamento extensivo e precisavam de alívio? Eu não lhe perguntei se seria adequado dizer as palavras "Deus os abençoe"? Eu não fui muito específico perguntando o que **a senhora** queria que eu fizesse?

– Não sei se me lembro de tê-lo recebido antes da apresentação. Sou muito ocupada. Não tenho tempo para escolher cada assunto – retrucou ela com relutância. – E não considero isso relevante. Alguém como você deveria dedicar mais tempo a se tornar mais sensível às necessidades dos outros, e não ofendê-los.

– Senhora, por favor. Estou tentando entender. Não quero, de forma nenhuma, fugir às minhas responsabilidades. Se errei, a culpa é só minha. Mas não sei o que exatamente a senhora quer que eu faça.

Depois de uma longa pausa, ela pigarreou.

– Bem, para começar, você deveria declarar suas intenções, inclusive de fazer humor, nos materiais que envia antes que alguém contrate seus serviços.

– Mas nós fazemos isso desde o início. É um procedimento padrão.

– Então talvez você deva reimprimi-los em corpo maior. Você precisa considerar que nem todos têm tempo para lê-los. Também acredito que você precise enviar um documento completo da sua palestra para que uma comissão a avalie e faça as correções necessárias. A seguir, você deverá reapresentar os materiais para novas correções até que a comissão esteja satisfeita. Ou – ela estalou os dedos –, seria melhor para todos se você pudesse voar até aqui, passar alguns dias e fazer sua apresentação completa para avaliação; assim, a comissão não teria surpresas.

– Senhora – disse eu, incrédulo –, está falando sério? Vocês exigiriam isso de qualquer outra pessoa?

– É claro que não. Seria uma tolice – respondeu ela, ofendida.

– Mas você é diferente. Você é Dave Pelzer.

Prosseguindo, a senhora passou a defender outro curso de ação, ainda melhor: para não correr o risco de irritar as pessoas, **eu deveria** cancelar imediatamente todas as minhas futuras palestras (sim, ela disse isso) e ficar fora do ar por um ano; minha equipe e eu deveríamos examinar cada documento e cada entrevista gravada para descobrir qualquer coisa que pudesse ser considerada ofensiva. Também disse que eu deveria usar o tempo como uma profunda experiência para compreender a sensibilidade de ser... mais sensível.

Ah, tá!

Contudo, o que tornou aquela conversa mais ultrajante e absurda foram a sinceridade e a dureza da senhora. Mesmo quando reclamei:

– Puxa, um ano inteiro? Basicamente porque eu disse "Deus os abençoe" cinco ou seis vezes?

Na hora ela deixou escapar:

– Sete! Você falou isso sete vezes.

Tudo o que pude fazer foi sacudir a cabeça.

– Bem, na próxima semana devo ir ao Iraque falar aos nossos soldados. É uma grande honra. Pediram-me que conte algumas piadas e ofereça algum encorajamento. Mas, se sou tão ofensivo, talvez eu não deva ir.

Sem perder tempo, sem nem mesmo considerar a magnitude de se mostrar "sensível" ao que eu havia dito, para não falar em meus sentimentos, a senhora replicou:

– Esse parece um passo muito positivo. Estou certa de que será melhor. Mais uma vez, todos devemos estar conscientes dos tempos sensíveis em que vivemos.

– Mas – argumentei –, se não falarmos, se não agirmos de acordo com o que há em nosso coração, se nossas intenções são verdadeiras e sinceras, o que há de errado? Se não nos arriscarmos, como poderemos nos esforçar para progredir? Se cedermos a todas as coisas insignificantes, se mudarmos a nós mesmos, às nossas atitudes e crenças essenciais só para apaziguar os outros, como isso tornará qualquer coisa melhor? Onde ficarão nossos valores e nossa integridade?

Conforme prosseguia, cometi um exagero.

– Se estes são de fato tempos *sensíveis*, não deveríamos ser sensíveis e respeitar os sentimentos, as crenças e as intenções de todos, inclusive os meus? Peço desculpas por ter errado e irritado aquelas pessoas. Mas não acredito que dizer "Deus os abençoe" algumas vezes, elogiar aqueles que fazem diferença e salientar a importância da resiliência e da responsabilidade pessoal sejam algo ruim ou me tornem um mau sujeito. Sou sensível às necessidades dos outros, e é graças a isso e às minhas crenças que sou convidado a fazer apresentações.

– No futuro serei mais consciente e sensível, mas acima de tudo eu me orgulho de pelo menos ir "lá fora" e tentar melhorar as coisas, em vez de pouco ou nada fazer, mantendo a cabeça baixa e os olhos fechados, esperando não provocar o *status quo*.

– Bem, você não precisa ser tão...

– Sensível? – interrompi.

– Eu estava somente sugerindo que você deveria tirar um ano... – ela baixou a voz. – Certamente posso sentir o que você está dizendo. É claro que você pode sentir o que quiser. Talvez no fim o tempo diga.

Sabendo que havia excedido meus limites, agradeci à senhora pelo seu tempo e suas críticas. Então voltei a proferir as palavras infames que tinham dado origem àquilo tudo.

– Deus a abençoe.

No outro lado, a linha morreu.

Caro leitor, por favor entenda. Há ocasiões, raras, quando estou conversando, expressando um significado filosófico profundo e saudável, em que as palavras saem de minha boca como água cristalina de um poço. Quando ocorrem esses momentos eloquentes, sinto-me um Cary Grant, Peter O'Toole ou Will Rogers. Contudo, infelizmente, na maior parte do tempo sou um caipira gago. Não importa quanto tente, quanto estude, simplesmente é minha natureza fazer tudo errado.

Pensando sobre a conversa acima enquanto rabisco estas palavras para você, talvez dar aquele telefonema não tenha sido a coisa mais inteligente que eu poderia ter feito. Embora admita que parte dele se deveu ao meu ego, eu o fiz principalmente para descobrir meus erros, e no final ele transformou-se numa apaixonada cruzada pela minha credibilidade.

A razão principal pela qual entrei em detalhes embaraçosos no exemplo acima foi para que você esteja ciente não só de que críticas inescapáveis surgirão no seu caminho, mas também para que saiba que, à medida que você se distingue, algumas vezes suas convicções **são julgadas** de acordo com padrões injustos e inatingíveis por pessoas parciais, e que o menor dos seus erros será ampliado mil vezes contra você.

Guarde isso, pois é parte do preço de liderar e viver.

Os erros são uma parte inevitável da vida. Você nunca chegará nem perto de satisfazer sequer a minoria das massas. Porém, o que nunca deve ser posto em dúvida é sua integridade. Sua honra.

Faça uma pausa e analise a situação. Se você puser o rabo entre as pernas e comprometer seus valores idôneos, deixará de desagradar os outros? Claro que não!

Entenda que todos nós queremos ser queridos, amados e respeitados. Queremos ter razão o tempo todo. Mas isso não é possível, nem normal. É bom se ajustar. É saudável fazer correções quando necessário. Isso nunca deve parar. Chama-se progresso! Mas acatar as opiniões de quem está perdido nos confins do espaço estelar, que faz críticas *sem sentido* e desprezíveis sem nem mesmo levar em conta a sua posição, é uma imensa tolice.

Em meu caso, procurei ser simpático e compreensivo com a patrocinadora, como qualquer um faria. Sei que, quanto mais viajo e mais reconhecimento recebo, mais minha cabeça ficará perto do machado. Esse é um fato que aceitei. Mas, quanto mais eu ouvia, tentando provar meu ponto de vista, mais sabia que era sugado para um buraco negro. Pensei que pedir desculpas e afirmar educadamente minha posição seria suficiente.

O que eu deveria ter feito era terminar a conversa muito antes de aquela senhora sequer sonhar com a possibilidade de me fazer rever minhas apresentações de dez ou quinze anos atrás. E certamente deveria ter cortado a discussão antes que ela desse seu palpite sobre minha próxima viagem ao exterior. Em resumo: *eu não deveria ter permitido que a situação fosse tão longe.*

Certamente não permitirei que as futuras situações saiam tanto do controle. Mas, como você agora sabe a meu respeito, a respeito de minha sorte, minha vida e minha boca, isso é quase inevitável. Pelo menos nesse episódio defendi meu terreno mais do que fazia anos antes. Não cedi completamente, nem me curvei na direção dos ventos naquele particular momento devido unicamente à opinião de outra pessoa.

Falando em termos pessoais e profissionais, o mais importante que tirei de toda aquela experiência, tanto da carta cheia de ódio quanto da conversa em si, foi não permitir que nenhuma das duas consumisse minha alma. E em nenhum momento pensei em jogar a toalha.

Como eu disse e você leu, existem aquelas pessoas que parecem surgir do nada apontando o dedo da ira na sua cara. São as mesmas com quem você tenta fazer reformas, às quais você procura pelo menos expressar suas visões, e mesmo assim nunca é suficiente. Mesmo que a posição delas seja sólida como gelatina, a única vez em que elas podem exibir indícios de ter uma espinha dorsal é quando insistem que é melhor você imitá-las.

E há ainda aquelas que passam pela vida tentando se manter acomodadas em seu canto e voar abaixo do radar. Elas esperam, rezam e fazem o possível para não arrepiar penas alheias nem fazer ondas no menor dos lagos. Não importa se se trata dos apontadores de dedos irados que só gostam de criticar ou daqueles que se escondem em seus casulos – pergunte a si mesmo: com o que eles contribuem? O que trazem para a mesa? Existe alguma coisa que eles disseram ou realizaram que seja de algum valor?

Da montanha mais alta eu gritarei para que todos ouçam: "**Deus os abençoe!** Deus abençoe aqueles que tentam. Sorte sua ter a coragem de assumir uma posição". *É nisso que acredito; portanto, é assim que é.*

Digo-lhe que, quer eles gostem de você, o amem, quer o desprezem ou detestem, **defenda seu terreno**. Não ceda em seus valores. Não fique tremendo nas trevas se perguntando: "E agora? Será que eu deveria e poderia ter tentado fazer essa coisa?"

Se você tem algo a oferecer, se tem uma contribuição a fazer, então se levante. "Senhor presidente, senhora secretária, realmente não creio que esse seja o curso de ação correto neste momento. Os senhores podem querer considerar..."

Ao mesmo tempo, quando alguém se dirige a você dizendo "Supervisor Smith", "Senhora Jones", "Mamãe, você prometeu", "Você disse" ou "Você não fez", aceite o soco no queixo, admita seu erro e siga adiante.

Acredite: em qualquer caso, seja conversando com o chefe no trabalho, seja sendo criticado por seus filhos, tudo será completamente esquecido em questão de horas, dias, semanas ou meses. Porém, aquilo que será lembrado e irá segui-lo por toda parte é sua integridade, são seus valores e crenças.

Todos nós devemos continuar nos ajustando, ser acomodatícios e ter boas maneiras *quando necessário*. Trata-se de uma necessidade da vida. Assim, quando – não *se*, mas *quando* – você levar um soco no queixo por errar, não tome isso como pessoal; entenda que não é o fim do mundo e ajuste-se. A menos que se trate de algo drástico, recomendo que, na maior parte dos casos, mantenha o curso.

Quando você puxa as rédeas dos filhos, sejam eles pequenos ou adolescentes, quando a porta bate depois que eles gritam: "Você não tem esse direito! Isso não é justo! Odeio você!", não se preocupe. Enquanto os inexperientes e imaturos dançam à sua volta perdendo a calma e o autocontrole, você, sendo alguém que sabe das coisas, se mantém em total controle. Enquanto as outras crianças estão "lá fora" fazendo Deus sabe o quê em todas as horas, os seus filhos estão fazendo a lição de casa na segurança dos seus quartos. Como você sabe, como pai, você pode ceder agora para evitar "ter de lidar com isso" ou levar um soco ocasional para manter a visão de longo prazo de criar adultos produtivos, responsáveis e felizes.

Se alguém no seu trabalho ou em outros lugares se mostrar insensível, excessivamente corretivo ou estupidamente sensível diante de suas convicções, sua ética de trabalho ou sua visão otimista da vida, não lhe dê atenção. Lembre-se, como adulto independente, responsável e razoável: você é o capitão de seu próprio destino. Você pilota seu próprio leme. Apenas mantenha os olhos no horizonte triunfante que se aproxima.

À NOSSA VOLTA

As oportunidades para a grandeza são raras. Contudo, apesar dos redemoinhos que nos cercam durante a vida, estamos à altura do desafio. Quanto mais nos recusamos a nos curvar ao vento predominante, mais as oportunidades para a grandeza podem se tornar uma ocorrência diária. Acredite, tudo se resume aos padrões com que conduzimos a vida. Você deve saber onde está e como reagir antes do surgimento de qualquer eventualidade. Antes de zarpar, você deve pelo menos desdobrar seu mapa e traçar seu curso. Saiba e aceite que, quando subir ao ringue, levará alguns golpes.

Quanto mais alto você estiver, mais os outros emergirão de suas tocas de cobra com seus machados. Alguns esperarão pelo momento exato para golpeá-lo. Outros apenas ficarão por perto, esperando vê-lo cair.

Mas não se preocupe. Aguente firme. Mantenha a linha. Lembre-se de que na vida os períodos de mau tempo são inevitáveis. Contudo, é a árvore com raízes mais profundas que resiste à velocidade das piores tempestades.

Você ficará bem!

EPÍLOGO

Bem, Deus o ama, você conseguiu. Assumiu o compromisso, esforçou-se e atingiu seu objetivo. Bom para você! Estou muito orgulhoso!

Para mim, numa palavra, progredir e atingir seu objetivo significa *resolução*. Significa ter um propósito, ter determinação e mantê-la. Depois de ler este livro, essas palavras o fazem lembrar de alguém? O significado agora o ajuda a cristalizar quem você é, o que quer realizar e por que deve manter a fé na sua missão?

No meu caso, quando inicio um novo projeto para um livro, sempre tenho um plano. Como eu já disse milhões de vezes: "Quando o homem planeja, Deus ri". Quanto mais trabalhei neste livro para você, mais fundo tive de cavar em relação às minhas intenções iniciais. Você achou que, à medida que lia (e, espero, absorvia) partes deste livro, ele abordou aspectos e talvez incidentes da sua vida?

Minha opinião é: você nunca esteve só em suas crenças e na sua determinação para melhorar, para levar sua vida adiante.

E, agora que terminou o livro, pergunte-se: "Como me sinto?" Sente-se aliviado? Mais resolvido? Um pouco mais à vontade, ou com mais clareza a respeito de si mesmo? No mínimo, você deveria se sentir assim!

Como seu autor e guia, sei que isso pode ser um pouco opressivo. Este é meu trabalho: sacudi-lo e fazer com que se abra e reexamine sua vida e suas prioridades. E você sabe tão bem quanto eu que, por mais que eu o tenha desafiado, você nunca teria lido nada deste livro a menos que quisesse de fato virar essa esquina no atual momento da sua vida.

Agora tudo depende de você. Assim como este livro, intenso como é, a vida passa muito depressa. Leve algum tempo, digira e reavalie as coisas. Então, quando estiver pronto, ao sair para o desconhecido, dê pequenos passos. Talvez você sinta medo. Saiba que isso é perfeitamente normal. Mas, quanto mais se esforçar, mais irá crescer. Não importa o quão longe irá, nem quanto tempo isso levará; desde que você esteja "lá fora" fazendo uma coisa certa segundo meu critério ou o de qualquer outra pessoa que se importe com os outros. Em resumo: não se preocupe.

Algum tempo atrás o pastor Lincoln, da minha igreja, disse isto: "Há ocasiões em que minhas obras são postas em dúvida. Em que outras pessoas apontam o dedo do desespero na minha direção. Mas, desde que eu saiba quem sou e por que faço o que faço, e desde que Deus saiba, para o diabo com todo mundo".

Como eu disse muitas vezes, direta ou indiretamente, no final tudo diz respeito à fé. Fé em você mesmo e na sua missão.

Se você continuar a se desafiar, se continuar indo adiante e continuar firme em suas convicções, eu juro com a mão sobre a Bíblia que você terá sucesso. Poderá levar tempo e você poderá precisar suportar alguns golpes no queixo, mas, se prosseguir, pelo menos estará correto em sua causa. No atual estágio da sua vida, depois de ler este livro, pergunte-se: que opção você tem a não ser avançar?

Por favor, leve a sério a citação a seguir. Ela pode ser um pouco dramática e não servir para todas as situações da vida, mas, falando em termos pessoais, quando sinto as costas contra a parede, ela é minha salvação: "Para que o mal triunfe, basta que os bons nada façam". Essa afirmação já era poderosa no século XVIII, quando Edmund Burke usou-a pela primeira vez, mas hoje, nesta era pós-11 de Setembro, quando dezenas de milhares de famílias trabalham duro para pagar suas contas, ela soa ainda mais forte. Todos nós somos convocados para tirar nossos antolhos, sair de nossos úteros protetores, dizer a verdade, recuperar o foco e o impulso para ir adiante, que é o que realmente importa, e fazer o que precisa ser feito! Entendeu? Para terminar, quero dizer que foi uma honra trabalhar com você! Muito obrigado por se arriscar e gastar tempo com este livro. De todo coração, rezo pelo seu sucesso e sua felicidade. Trabalhe duro, seja bondoso e ajude os outros no caminho da vida. Seja feliz, seja feliz agora! E fim da papo.

Como digo em meu programa de rádio: "Que a paz esteja dentro de você; esteja sempre em paz. Até a próxima, meu amigo, tenha um bom dia, boa sorte e, como sempre, que Deus o abençoe!"

Este livro foi impresso pela Cromosete
para a Editora Prumo Ltda.